Ökonomische und politische Herausforderungen für die RegioTriRhena

Globalisierung und Regionalisierung als ambivalente Prozesse vor Ort

Dietmar J. Wetzel

Dietmar J. Wetzel, Jahrgang 1968, hat in Freiburg im Breisgau Soziologie, Ethnologie und Literaturwissenschaft studiert. Anschließend IFS-Diplom am Frankreich-Zentrum der Universität Freiburg mit dem Schwerpunkt: Recht, Volks- und Betriebswirtschaft. Seit Mitte 1998 ist er als wissenschaftlicher Angestellter am Sonderforschungsbereich 541 „Identitäten und Alteritäten" mit der Abfassung einer Promotion zum Thema „DiskursKonstellationen des Ethisch-Politischen" beschäftigt, außerdem seit 1999 Lehrbeauftragter im Fach Soziologie.

Dietmar J. Wetzel
Ökonomische und politische Herausforderungen für die RegioTriRhena
Globalisierung und Regionalisierung als ambivalente Prozesse vor Ort
Freiburg i. Br. 2000

Herstellung und Vertrieb: Libri Books on Demand, Norderstedt
ISBN 3-8311-0482-4
Printed in Germany

Inhaltsverzeichnis

„Toute la terre habitable a été de nos jours reconnue, relevée, parta-
gée, entre des nations! L'ère des terrains vagues, des territoires lib-
res, des lieux qui ne sont à personne, donc l'ère de libre expansion
est close [...]

Le temps du monde fini commence. Le recensement général des res-
sources, la statistique de la main-d'oeuvre, le développement des
organes de relation se poursuivent. Quoi de plus remarquable et de
plus important que cet inventaire, cette distribution et cet enchaî-
nement des parties du globe? Leurs effets sont déjà immenses. Une
solidarité toute nouvelle, excessive et instantanée, entre les régions
et les événements est la conséquence déjà très sensible de ce grand
fait [...] Les habitudes, les ambitions, les affections contractées au
cours de l'histoire antérieure ne cessent point d'exister – mais in-
sensiblement transportées dans un milieu de structure très différente,
elles y perdent leur sens et deviennent causes d'efforts infructueux
et d'erreurs."

Paul Valery, 1931

*„Die ganze bewohnbare Erde ist in unseren Tagen durchforscht,
aufgenommen, unter die Nationen aufgeteilt worden. Das Zeitalter
des herrenlosen Grundes und Bodens, der freien Territorien, der
Gegenden, die Niemandsland sind, die Zeit der freien Expansion
also ist zu Ende [...]*

Die Zeit der ‚geschlossenen' Welt beginnt. *Die Bestandsaufnahme
der Arbeitskräfte, die Vervollkommnung aller Organe und Mittel
gegenseitigen Verkehrs in allen Ländern wird eifrig betrieben. Ist
etwas Bemerkenswerteres und Folgenreicheres vorstellbar als diese
Inventarisierung, diese Aufteilung, diese enge Verkettung aller
Punkte des Erdballs? Ihre Auswirkungen sind schon jetzt unge-
heuer. Eine völlig neue, allumfassende und augenblicklich eintreten-
de Solidarität aller Ereignisse in allen Ländern ist die bereits sehr
spürbare Folge dieses grundlegenden Vorgangs [...] Die im Laufe
der bisherigen Geschichte ausgebildeten Gewohnheiten, Gelüste,
Leidenschaften hören nicht auf zu bestehen – aber unversehens in
eine Umwelt von völlig anderer Struktur geraten, verlieren sie ihren
Sinn und werden zum Anlaß von Irrtümern und fruchtlosen Bemü-
hungen."*

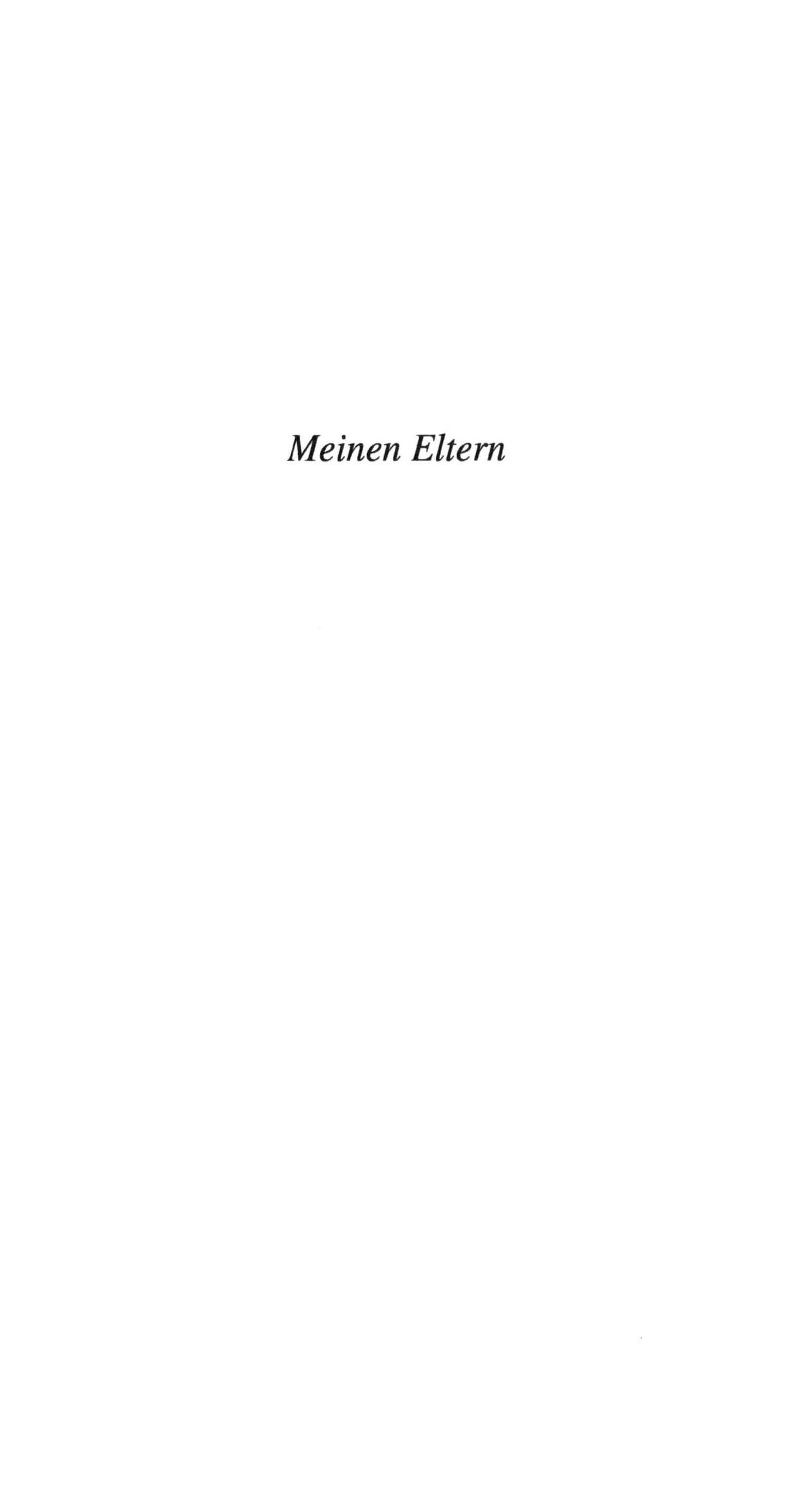

Meinen Eltern

1. Einleitende Bemerkungen und Problemstellung: Grundlegendes zur RegioTriRhena

1.1 Räumliche, zeitliche und sachliche Eingrenzung

Das für die vorliegende Arbeit gewählte Gebiet der auch als ‚klassisch' bezeichneten RegioTriRhena umfaßt die fünf Kantonsgebiete der Nordwestschweiz, Südbaden (Lörrach, Waldshut, Freiburg, Breisgau-Hochschwarzwald sowie Emmendingen) und auf der französischen Seite – begrenzt von den Vogesen – das Département Haut-Rhin (Oberelsaß). Eine Homogenität der Region – auch ‚Dreiländereck'[1] genannt – ergibt sich aus den verschiedensten Bedingungen: *geographisch*, faßbar als der Raum entlang des Rheins; *historisch*, durch die Kriege und aus der wechselnden Staatszugehörigkeit des Elsaß; *kulturell*, mittels des gemeinsamen alemannischen Dialekts und schließlich teilweise auch *wirtschaftlich*, aufgrund der nationalen Randlage der drei Grenzgebiete (Zoller-Schepers 1998:6). Trotz dieser offenkundigen Gemeinsamkeiten muß man sich die jeweiligen Eigenheiten der Teilregionen und damit verbunden auch die der Kooperationspartner immer wieder im je konkreten Fall bewußt halten.

Seit Mitte der siebziger Jahre bildet die im Herzen Europas liegende RegioTriRhena, in der über zwei Millionen Menschen leben und arbeiten, den südlichen Gebietsteil der EuroRegion Oberrhein,[2] die im Norden bis in den Raum Südpfalz-Karlsruhe reicht. In diesem Zusammenhang ist bereits an dieser Stelle zu erwähnen, daß die RegioTriRhena seit Beginn der neunziger Jahre Teil der richtungsweisenden EU-Förderinitiative INTERREG[3] ist und zwar des Pro-

---

[1] Daß die Idee des ‚Dreiländerecks' gewissermaßen schon keltischen Ursprungs ist, erwähnt Speiser in ihrer Arbeit *Europa am Oberrhein* (1993:23).

[2] Seit 1975 ist diese EuroRegion Oberrhein Mandatsgebiet der Oberrheinkonferenz und seit 1998 auch des neugegründeten Oberrheinrates. Zu den Institutionen vgl. Kap. 4.1.

[3] Zur Verfahrensweise und der maßgebenden Bedeutung des INTERREG-Programms s. Kap. 3.4.

grammgebiets „Oberrhein Mitte-Süd", welches von den Jurahöhen rheinabwärts bis in den Raum Straßburg-Offenburg reicht.

Ebenso wie sich eine räumlich klare Abgrenzung als unumgänglich erweist, soll von Anfang an darauf hingewiesen werden, daß es sich in der vorliegenden Arbeit um Beschreibungen und Diagnosen handelt, die primär bezug auf die jüngsten Entwicklungen – ab Mitte der neunziger Jahre – in der RegioTriRhena nehmen. Es geht hier also nicht um eine Geschichte der Regio oder um einen allgemeinen Überblick. Um was geht es dann?

Generell sollen – wie der Titel deutlich macht – gegenwärtige und zukünftige ökonomische und politische Herausforderungen für die RegioTriRhena behandelt werden.[4] Dazu ist es vorab notwendig, eine kritische Bestandsaufnahme der gegenwärtig vorzufindenden wirtschaftlichen und politischen Strukturen, Bedingungen und Institutionen der RegioTriRhena vorzunehmen. Um diesem Unterfangen einen vernünftigen Rahmen zu geben, sollen dabei zwei für moderne, westliche Gesellschaften zentrale Prozesse der letzten Jahre fokussiert werden. Ich begreife diese, *m.E. ambivalenten und vielschichtigen Prozesse der Globalisierung und Regionalisierung als die grundlegenden Herausforderungen für unsere Gesellschaften im allgemeinen und für die Regio im besonderen*. Gleichzeitig gehe ich davon aus, daß die verschiedenen Spielarten der Globalisierung neben ihrer ökonomischen Dimension auch eine ethisch-politische und damit letztlich auch kulturelle Dimension besitzen, die sich nicht als nachrangig einstufen läßt.

1.2 Forschungsstand, Durchführung und Ziel der Arbeit

Nach einer ausführlichen Recherche hinsichtlich der vorhandenen, themenrelevanten Publikationen lassen sich drei Bemerkungen bezüglich des heutigen Forschungsstandes (Stand 1999) anführen.

---

[4] Vgl. dazu das aktuell erstellte *Leitbild des Rates der RegioTriRhena* (1998) und die für das gesamte Oberrheingebiet relevante Publikation des Büros für Publizistik (1997): *Wirtschaft am Oberrhein*. Meckersheim.

Erstens findet man eine Flut von Veröffentlichungen hinsichtlich der Globalisierung (vgl. dazu Kap. 1.3). Auch die Regionalisierung und die davon nicht zu trennende Europäisierung (Stichwort: „Europa der Regionen") ist mittlerweile gut dokumentiert, d.h. es gibt sowohl theoretische Publikationen als auch empirische Fallstudien, die aus den unterschiedlichen Disziplinen der Wissenschaft stammen.[5]

Ein etwas anderes Bild der Forschungslage hat sich *zweitens* speziell für den Untersuchungsraum der RegioTriRhena ergeben. Zur Geschichte der Regio und zur grenzüberschreitenden Zusammenarbeit finden sich einige Publikationen und Broschüren.[6] Was jedoch fehlt, ist eine Annäherung an die Regio aus einer kritischen Perspektive, die sich an der Schnittstelle zwischen wirtschaftlichen und politischen (soziologischen) Analysen zu situieren hätte. Nützlich für die Entwicklung einer solchen – interdisziplinären – Sichtweise und für die Themenfindung der vorliegenden Arbeit überhaupt, ist für den Verfasser dieses Textes ein 4½-monatiges Praktikum bei der Regio du Haut-Rhin bzw. an der Handelskammer Süd-Elsaß Mulhouse gewesen. Durch die praktisch-konkrete Beschäftigung mit grenzüberschreitenden Fragen, sowohl wirtschaftlicher als auch politischer Art, hat sich eine eingehendere Auseinandersetzung mit dem Themenfeld „*Globalisierung und Regionalisierung als ambivalente Prozesse vor Ort*" geradezu aufgedrängt.[7]

Um nun eine solche der Thematik angemessene Arbeit durchführen zu können, ist es m.E. nötig, wirtschaftspolitische und wirtschaftsethische Überlegungen mit soziologischen und regionalpolitischen Einsichten zu koppeln, um ein möglichst vielfältiges Spektrum der Prozesse der Globalisierung und der Regionalisierung allgemein und im besonderen für die RegioTriRhena aufzeigen zu können (vgl. dazu Lenk 1996:8f.). Im Sinne von Peter ULRICH sollen dazu die verschiedenen „Orte" des Wirtschaftens und der moralisch-poli-

---

[5] Vgl. dazu die Arbeiten von Kujath (1998), Siedentopf u.a. (1997), Raich (1995), Labasse (1994) und Ossenbühl (1990).

[6] Ein guter bibliographischer Überblick findet sich in Zoller-Schepers (1998:256f.).

tischen Betätigung beleuchtet werden (Ulrich 1997:17f.).[8] Im Zuge dieses Vorgehens ist dann alsbald das weitere Problem aufgetaucht, wie am sinnvollsten Informationen aktueller und konkreter Art in bezug auf die Akteure und Entscheidungsträger der RegioTriRhena zu bekommen wären.

Drittens schien es mir deshalb zweckmäßig, Gespräche mit politischen und wirtschaftlichen Vertretern aus der Regio zu führen, um die Reaktionen auf die Globalisierungs- und Regionalisierungsprozesse ‚aus berufenem Munde' aufzeichnen zu können. En passant haben die allermeisten Interviewpartner zusätzlich zu den gestellten Fragen, wichtige Informationen zu aktuellen Entwicklungen in ihren jeweiligen Spezialgebieten geliefert, was größtenteils die eigenen Befunde bestätigen bzw. ergänzen konnte.[9]

Neben dem eher allgemeinen Ziel, aufzeigen zu wollen, was denn überhaupt die ethisch-politischen und ökonomischen Herausforderungen in der gegenwärtigen historisch-politischen Konstellation in der RegioTriRhena sind bzw. sein könnten, geht es konkret in den einzelnen Kapiteln um die Beantwortung folgender Leitfragen, denen damit eine zentrale und strukturelle Rolle zugesprochen wird:

Welche kulturellen, geographischen und wirtschaftlichen Ausgangsbedingungen liegen in der RegioTriRhena vor? Wie tauchen die schillernden Begriffe der Globalisierung bzw. Regionalisierung in der öffentlichen Wahrnehmung (Medien) auf, und wie werden diese Prozesse bewertet **(Kapitel 1)**?

Wie lassen sich die Prozesse der Globalisierung (Lokalisierung) und der Regionalisierung fassen, soll heißen: übersichtlich darstellen? Unmittelbar im Anschluß daran stellt sich erstmals die Frage, ob die

---

[7] In diesem Zusammenhang waren die verschiedenen Ausgaben der *Regio Perspektiven. Wirtschafts-Analysen und -Prognosen für die Regio* der BAK Konjunkturforschung Basel AG hilfreich.

[8] Peter Ulrich selbst unterteilt innerhalb seiner wirtschaftsethischen Topologie die drei folgenden Bereiche: 1. Wirtschaftsbürgerethik, 2. Ordnungsethik und 3. Unternehmensethik (1997:9).

[9] Selbstverständlich gilt es, zumindest nicht außer acht zu lassen, daß bei den gewählten Interviewpartnern immer auch ein gehöriges Maß an positiver Selbstdarstellung bezüglich der RegioTriRhena einfliessen dürfte.

RegioTriRhena zum gegebenen Zeitpunkt (der Untersuchung) in der Lage ist, auf die beschriebenen Prozesse angemessen reagieren zu können (**Kapitel 2**).

Wie ist der Wirtschaftsraum RegioTriRhena beschaffen, und welche wichtigen politischen Rahmenbedingungen, auf regionaler, nationaler und europäischer Ebene liegen vor? Welche gewichtigen Beispiele aus der Praxis können die neu entstandene Situation illustrieren (**Kapitel 3**)?

Welche Reaktionen auf die neuartigen Entwicklungen gibt es auf der Unternehmens- und auf der Institutionenebene? Welche Akteure in der RegioTriRhena sind einflußreich (Lobbying), und wie handeln sie vor Ort, um ihre oftmals partikularen Interessen durchzusetzen (**Kapitel 4**)?

Welche Reaktionen gibt es, oder – normativ gefragt – sollte es auf der individuellen Ebene geben? Gibt es ein Regio-Bewußtsein, und wie läßt sich dieses gegebenenfalls mit einer Wirtschaftsbürgerethik bzw. einem bürgerschaftlichen Engagement verbinden (**Kapitel 5**)?

Welche Probleme, Chancen und Perspektiven ergeben sich für die RegioTriRhena in einem globalisierten Zeitalter? Wo gibt es Handlungs- und Regulierungsbedarf? Wie lautet die abschließende, subjektive Einschätzung der Situation (**Kapitel 6**)?

1.3 Die Begriffe Globalisierung und Regionalisierung als zeitgenössische Medienphänomene

Ein Gespenst geht um, nicht nur in Europa, sondern (fast) auf der ganzen Welt: es ist das Gespenst der Globalisierung. Tagtäglich berichten die globalisierten Medien von den Auswirkungen ‚der' Globalisierung.[10] Es entsteht gleichsam eine »*Globalisierungsrhetorik*« (Krugman 2000:94). Dabei kommen Wissenschaftler, Politiker und Journalisten oft zu seltsam anmutenden Einschätzungen des schillernden Phänomens „Globalisierung": es sei ein „Phantom", ein „Mythos", eine „intellektuelle Übertreibung", eine „postmoderne Rechtfertigung des Kapitalismus" u.ä. (vgl. dazu Messner 1998: 76). Soweit nur einige wenige Einschätzungen. Noch am brauchbarsten erscheint der Definitionsversuch von Hermann SCHWENGEL, wenn dieser schreibt: „Globalisierung ist vielmehr ein *Suchprozeß*, dem die unterscheidenden Rationalitätskriterien noch fehlen. Was neu an der Globalisierung ist, befindet sich noch im experimentellen Zustand, der eine Verfassung braucht; Werte oder Rationalitätsideale gewinnen erst in einer verfaßten Globalisierung Gestalt" (1999:18). Überspitzt läßt sich formulieren: Die öffentliche Verbreitung der Kategorie Globalisierung steht mittlerweile ungefähr in umgekehrt proportionalem Verhältnis zu ihrer inhaltlichen Präzision.[11] Anders formuliert: Globalisierung – das ist heute jedermanns allgemeinste Kausalformel für das Unbehagen am – zugegebenermaßen (immer schon) unübersichtlichen – Weltzustand.

Quasi im Windschatten dieser diffusen Globalisierungsdebatte ist ebenso die Diskussion um die Regionalisierung und ein Europa der Regionen en vogue (Frisch 1996:363). Sicherlich hat dabei die Bildung der Europäischen Union das Konzept der Regionen befördert, aber im besonderen wird Regionalisierung auch als eine Art Gegen-

---

[10] Es wäre schon einiges erreicht, wenn man in naher Zukunft nicht mehr von der Globalisierung im Singular, sondern beispielsweise von Prozessen der Globalisierung sprechen würde.

[11] Damit steht das Modewort in einer Tradition mit anderen Worthülsen, wie etwa die vielbeschworene »Postmoderne«, die Rede von der »Nachhaltigkeit«, usw.

oder Komplementärbegriff zur Globalisierung gebraucht.[12] Interessanterweise ist die (Medien-)Wahrnehmung der Globalisierung und der Regionalisierung (Europäisierung) in Deutschland und Frankreich bisher recht unterschiedlich verlaufen. So überwiegen in Frankreich hinsichtlich der Globalisierung die kritischen Stimmen.[13] Gleichfalls werden die unübersehbaren Regionalisierungstendenzen immer noch oft skeptisch bis ablehnend beurteilt.[14]

In Deutschland ergibt sich ein differenzierteres Bild: zwar spricht man – trotz der „Globalisierungsfalle" (Martin/Schumann 1996) – hierzulande nicht im gleichen (einseitigen) Maße von der Globalisierung wie in Frankreich oder England, aber interessanterweise werden dann eher die Ambivalenzen der damit verbundenen Entwicklungen betont. Hinsichtlich der Regionalisierung ist man auch aufgrund der föderativen Struktur in Deutschland und in der Schweiz traditionell positiver eingestellt als in Frankreich (vgl. dazu Richter 1997:179). Und trotzdem, oder vielleicht gerade deshalb: kaum ein Phänomen der letzten Jahre ist auch in der wissenschaftlichen Auseinandersetzung so unterschiedlich bewertet worden, wie die Globalisierung. Es reicht von völlig affirmativer Zustimmung neoliberalen Zuschnitts bis zu radikaler Ablehnung postmarxistischer Autoren (vgl. dazu Altvater, in: Messner 1998:74). In diesem Zusammenhang läßt sich ein ideologischer Aspekt der Globalisierung nicht verschweigen. So stellt sich für viele Laien, aber auch so manchen Experten die Frage, wer überhaupt von einer Hegemonie der neoliberalen Wirtschaftstheorie, die die Globalisierung vorantreibt und sehr oft positiv bewertet, profitiert.[15]

---

[12] Zur Karriere der Begriffe ‚Region' und ‚Regionalismus' vgl. den Artikel von Jürgen Kaube »Sag Region zu mir. Die Einteilung der Welt vor Erfindung der Globalisierung«, in: FAZ, 4.März 1998.

[13] Allen voran Viviane Forrester mit ihrem Bestseller *L'horreur économique* (1996).

[14] Letzterer Umstand läßt sich zumindest teilweise aus der starken zentralistischen Tradition Frankreichs erklären. Frankreich bleibt wahrscheinlich „trotz der Fortschritte, die schon bei der Regionalisierung gemacht worden sind, ein zutiefst zentralistischer Einheitsstaat und dieser Vision verpflichtet" (Pflimlin 1997).

[15] Zu einer Kritik des Neoliberalismus dezidiert und medial omnipräsent vgl. Pierre Bourdieu *Contre-feux* (1998).

Das soeben Dargelegte macht einen Umgang mit den Phänomenen der Globalisierung und der Regionalisierung nicht gerade leichter, bien au contraire. Ungeachtet der zweifelhaften Medienpräsenz und des Modecharakters verbergen sich aber m.E. hinter den Worthülsen konkret erfahrbare Prozesse, deren Unumgänglichkeit und Bedeutsamkeit nicht zu leugnen sind. Nur noch 20 bis 40 Prozent der Menschen, so die düstersten Prognosen, würden angeblich in der globalisierten Wirtschaft tatsächlich als Arbeitskräfte gebraucht (Bartz 1998:221). Wie auch immer, eine Einsicht entwickelt sich immer mehr zum common sense: neue Antworten auf alte, zum Teil auch neue Fragestellungen, werden dringend benötigt.

Eine hier intendierte ökonomisch und soziologisch orientierte wissenschaftliche Beschreibung und Analyse von Globalisierungs- und Regionalisierungsprozessen muß sich allerdings die Mühe machen, ein differenzierteres Bild dieser Abläufe zu zeichnen, ohne vorschnell in Ab- bzw. Bewertungsfragen münden zu wollen. Genau dies soll hier geschehen, und zwar konkret in Bezug auf das Gebiet der RegioTriRhena und die in ihr handelnden Akteure. Dabei liegt dem Ganzen die implizite These zugrunde, daß sich nur durch eine solche räumliche Verortung der Globalisierung genauere Aussagen treffen lassen.

2. Neue Herausforderungen und Chancen? Globalisierung, Lokalisierung und Regionalisierung

2.1 Dimensionen, Faktoren und Ambivalenzen der Prozesse der Globalisierung

Bevor man sich den genuinen Prozessen der Globalisierung in ihrer ganzen Vielschichtigkeit und den innewohnenden Ambivalenzen nähert, macht vorab eine begriffliche Differenzierung zwischen Globalismus, Globalität und Globalisierung Sinn, die von Ulrich BECK stammt.[16]

Globalismus: dieser Begriff steht für die Auffassung, daß der Weltmarkt politisches Handeln weitgehend verdrängt oder ersetzt habe. Anders gewendet: Globalismus bezeichnet eine normativ einseitig aufgeladene Ideologie der Weltmarktherrschaft, die oft mit neoliberalen Positionen einhergeht.

Globalität: dieser Terminus verweist auf den gegebenen Ist-Zustand, demzufolge die westlichen modernen Gesellschaften bereits in einer Weltgesellschaft leben, und zwar konkret in dem Sinne, daß die Vorstellung abschließbarer Räume fiktiv geworden ist. Globalität bezeichnet demzufolge die Tatsache, daß von nun an nichts, was sich auf unserem Planeten abspielt, nur ein örtlich begrenzter Vorgang ist, sondern daß alle Erfindungen, Siege und Katastrophen tendenziell die ganze Welt betreffen und wir unser Leben und Handeln, unsere Organisationen und Institutionen entlang der *Achse ‚lokal-global'* reorientieren und reorganisieren müssen.

Globalisierung: dieser Begriff meint all jene Prozesse, in deren Folge die Nationalstaaten und ihre Souveränität durch transnationale

---

[16] Der Soziologe Ulrich Beck und seine Edition Zweite Moderne können – trotz aller notwendigen Kritik im einzelnen – als Wegbereiter für die wissenschaftliche Globalisierungsdiskussion in Deutschland gelten. Allerdings wird man den Verdacht nicht los, daß Beck selbst mittlerweile die Breitenwirkung seiner Werke einer explizit soziologisch-ökonomischen Analyse vorzuziehen scheint. Anthony Giddens, Weggefährte von Beck, nimmt in Großbritannien, als Berater von Tony Blair, eine ähnlich einflußreiche, breitenwirksame Position ein.

Akteure, ihre Machtchancen, Orientierungen, Identitäten und Netzwerke unterlaufen und querverbunden werden. Dem globalen Kapitalismus entspricht demnach „ein Prozeß kultureller und politischer Globalisierung, der das Ordnungsprinzip territorialer Vergesellschaftung *und* des kulturellen Wissens, auf denen die vertrauten Selbst- und Weltbilder beruhen, aus den Fugen geraten läßt" (Beck 1998a:17).

Eben dies meint dann auch die Rede von der Mehrdimensionalität der Globalisierung. Damit aber keine Mißverständnisse aufkommen, sei folgendes angemerkt: natürlich schlägt primär die Macht der ökonomischen Globalisierung, im Sinne einer Internationalisierung der Wirtschaft, in ihrer Tragweite zu Buche. Wenn man sich jedoch das Veränderungspotential, welches den Globalisierungs- und den damit verzahnten Regionalisierungsprozessen innewohnt, heute schon vergegenwärtigt, kann m.E. tatsächlich behauptet werden, es gehe letztlich um nichts Geringeres als die Grundlagen der westliche Moderne überhaupt, und wir befänden uns – soziologisch formuliert – auf dem Weg in eine *posttraditionale Gesellschaft* (Giddens 1997:24). Dabei wird in verschiedenen Studien zur Globalisierung – völlig zurecht – immer wieder betont, daß es sich hierbei generell nicht um ein völlig neues Phänomen handelt (Defarges 1997:3; BAK 1996:15). Neu daran ist jedoch die Dynamik und Intensität, mit der die Globalisierung, respektive die Auswietung weltweiter ökonomischer und kultureller Aktivitäten, spätestens seit 1990 auf den Plan tritt. Aus meiner Sicht lassen sich auf alle Fälle fünf Faktoren für die seitdem beschleunigte Entwicklungsdynamik der Globalisierung anführen:

1. Die wirtschaftspolitische Veränderung: Ein erster Schub kam durch die sich Anfang der siebziger Jahre vollziehende Auflösung des institutionellen Normen- und Regelgefüges der Weltwirtschaftsordnung, wie es sich in Gestalt des Bretton-Woods-Regimes im Geld- und Kapitalsektor und des GATT-Regimes im Handelssektor herausgebildet hatte, zustande. Der formale Liberalisierungsgrad und die bemerkenswerte Internationalisierung ökonomischer Prozesse haben in der Folge davon weltweit zugenommen.

2. Die technologische Entwicklung: Eine stärkere Internationalisierung wurde durch die rasanten technologischen Änderungen im Informations- und vor allem im Kommunikationsbereich, die die Vernetzung ökonomischer Handlungen und Entscheidungskalküle über weite Entfernungen hinweg zu einer kostengünstigen Angelegenheit werden ließen, hervorgebracht.

3. Die Globalisierung der Finanzmärkte: Die Mobilität des international verfügbaren Anlagekapitals ist nahezu unendlich geworden. Damit sind gleichzeitig die Risiken, d.h. die Störanfälligkeit globaler Märkte, objektiv größer geworden.

4. Die politische Entwicklung: dieser vierte Faktor, der die weltwirtschaftliche Entwicklung entscheidend prägt, hängt mit der „sanften Revolution" von 1989 und der vermeintlichen Durchsetzung des weltweit ohne Alternativen agierenden kapitalistischen Systems zusammen.[17]

5. Die Veränderung und Aufwertung der Unternehmen: Die globale Organisation der Produktion und die weltweite Konkurrenz um Kunden, Preise und Märkte haben dazu geführt, daß weltweit Kostenunterschiede ausgenutzt werden.[18] Die Zunahme des intra-industriellen Handels, aufgrund einer fortschreitenden Spezialisierung, Verkürzung der Entscheidungswege und Zerlegung der Wertschöpfungskette. Die *Multinationalisierung* vollzieht sich schließlich wesentlich als Ausbildung internationaler Produktionsstätten.

Worin zeigt sich nun aber die behauptete Dynamik und die Ambivalenz der Globalisierung? Als unmittelbare Folge der eben angeführten Entwicklungen, findet man zentral ein enormes Wirtschaftswachstum in vielen Ländern auf der einen Seite und eine

---

[17] Von einem »Ende der Geschichte« (Fukuyama) zu sprechen ist nicht nur falsch, sondern zusätzlich von einem Ideologieverdacht nicht gänzlich freizusprechen.

[18] Die jüngsten Fusionen in der Automobilbranche und dem Bankgewerbe legen ein sowohl eindruckvolles als auch beängstigendes Zeugnis dieser Veränderungen ab.

erschreckende Rekordarbeitslosigkeit („Jobless growth') auf der anderen Seite. Damit eng verbunden ist darüber hinaus eine fortschreitende Polarisierung der Weltbevölkerung in globalisierte Reiche und lokalisierte Arme zu konstatieren. Lediglich aus genuin ökonomischer Perspektive betrachtet, stellt sich Globalisierung tatsächlich im Kern als *Triadisierung der Welthandelsströme* (Asien, Nordamerika und Europa) dar, soll heißen: als eine Herausbildung weltwirtschaftlicher Blöcke. Der globale ökonomische Raum läßt sich durch gleichzeitig wirkende Prozesse der Homogenisierung und der Fragmentierung kennzeichnen (Menzel 1998): Während sich der Verdichtungsgrad ökonomischer Praktiken innerhalb und zwischen den Triadeblöcken steigert, nehmen andere Regionen der Weltwirtschaft an diesem Vorgang fast gar nicht (Afrika südlich der Sahara) oder nur unterproportional teil (Ostmitteleuropa) (vgl. dazu Enquete 1998:75).

Schließlich ergeben sich neue Freiheiten für global players bzw. Kapitalbesitzer und – im gleichen Atemzug – enorme Zwänge, die Arbeitgeber und Arbeitnehmer gleichermaßen, wenn auch in unterschiedlicher Art und Weise, betreffen: Zwang zur Rationalisierung, Deregulierung, Renditemaximierung und Entsolidarisierung sind hier die sattsam bekannten Vokabeln. Es wäre jedoch zu einfach, den Globalisierungsprozessen alleine die Schuld im Sinne eines handlungsmächtigen Subjekts zu geben, denn die von ihnen gezeitigten Ergebnisse sind nicht unbedingt, ja nicht einmal üblicherweise in eine einheitliche Richtung wirksam. Es handelt sich nicht um eine allgemein gleichartige Menge von Veränderungen, sondern diese bestehen in wechselseitigen, oftmals entgegengesetzten Tendenzen.[19] Trotzdem darf bzw. muß die nicht pauschal zu beantwortende Frage gestellt werden: wem dient eigentlich die Globalisierung, wer profitiert von ihr, gibt es tatsächlich mittel- und langfristig nur Gewinner? Wie auch immer: es läßt sich bislang nur schwerlich leugnen, daß die Rede von der Globalisierung häufig den wirtschaftlichen

---

[19] Für ein solches Denken der relationalen Veränderungen, der Intensitäten und des Netzes stehen die – noch größtenteils zu entdeckenden – Arbeiten von Michel Serres, hier insbesondere *Hermes I. Kommunikation* (1991:9f.).

Entscheidungsträgern als eine Art Pauschallegitimation dient: ob nun fusioniert, umstrukturiert, konzentriert oder ‚outgesourcet' wird, immer wieder verschwinden Arbeitsplätze und nicht selten werden die (vermeintlichen) Zwänge des Weltmarktes als Ursache und Legitimation der gefällten Entscheidungen vorgebracht.[20] Besonders deutlich zeigen sich Ambivalenzen, wenn man neuere Lokalisierungs- und Regionalisierungstendenzen genauer anschaut, die zurecht als eine mögliche Antwort auf die dramatischen Veränderungen zu begreifen sind, denen sich Gesellschaften insgesamt, aber eben auch Regionen im besonderen ausgesetzt sehen (vgl. dazu die von Giddens vertretene Position, in Maak/Lunau 1998:40).

2.2 Phänomene der (De-)Lokalisierung und der Glokalisierung

Im folgenden wird zu zeigen sein, daß die Globalisierungsprozesse zwar oft als die großen Gleichmacher erscheinen, dass sie dies aber gar nicht sind bzw. zumindest nicht sein müssen. Man ist sogar versucht zu sagen: ganz im Gegenteil! Zu den Paradoxien ökonomischer Prozesse zählt nämlich, daß sich in globalem Maßstab eine *Aufwertung des Regionalen und des Lokalen beobachten läßt.*[21] Globalisierung – immer mehrdimensional verstanden – führt dieser These zufolge also gerade zu einer neuen Betonung des Lokalen und eben nicht zur (fatalen) Durchsetzung universalistischer und einförmiger (Welt-)Strukturen.[22] Daß dabei dem Verhältnis von Globalisierung und Lokalisierung bzw. Regionalisierung eine entscheidende Rolle zukommt, wird am Beispiel der RegioTriRhena erst noch zu zeigen sein.

---

[20] Vgl. dazu den erhellenden Kommentar zur ‚sachzwangbedingten' Bankenfusion der Schweizerischen Bankgesellschaft (SBG) und des Schweizerischen Bankvereins (SBV) von Ulrich Thielemann und Peter Ulrich in: Basler Zeitung, 3. Februar 1998.

[21] Vgl. dazu die neueren Arbeiten von Beck (1997:86f.), Kleinert/Mosdorf (1998:240) und Uterwedde (1997:456).

[22] Menzel spricht in seiner diesbezüglichen Publikation von einer Globalisierung („McWorld") und einer Fragmentierung aller Lebensbereiche (1998:38).

Interessanterweise sind es eben gerade die *Prozesse der Globalisierung*, die zum Beharren auf der Andersartigkeit führen, zum Streben nach Wiederherstellung verlorengegangener lokaler Traditionen und zur Betonung der eigenständigen kulturellen Identität, die sich – negativ – an der Wiederbelebung von Nationalismen und Volksgruppenmerkmalen ablesen läßt (Giddens 1997:120). Dies heißt dann aber nicht unbedingt, daß das Globale das Lokale ‚sich automatisch angleicht‘, es ‚sich unterwirft‘ oder gar ‚gleichmacht‘, wie dies von manchen vermutet wird, sondern das Verhältnis läßt sich vielleicht eher wie folgt fassen: Die globalen Gegebenheiten – im Spielraum ihrer eigenen Möglichkeiten – geben den lokalen Gegebenheiten den Bezugsrahmen ihrer praktischen Gestaltbarkeit vor.

Eng mit solchen Globalisierungsprozessen verbunden, finden sich die Phänomene der Lokalisierung und der De-Lokalisierung. Global heißt ja eigentlich, wenn man es übersetzt, nichts anderes als an mehreren Orten zugleich, *also quasi translokal*. Dies läßt sich sehr schön am Beispiel der global players illustrieren, die über das Ausnutzen von Standortvorteilen versuchen, auf der ganzen Welt zu produzieren bzw. Dienstleistungen anzubieten. Neben der Lokalisierung, also der konkreten Verortung vor Ort, wäre es jedoch falsch, vorhandene *Momente der De–Lokalisierung* zu unterschlagen. Was bedeutet in diesem Kontext dieser Begriff?

De-Lokalisierung meint, daß eine nicht-traditionalistische Renaissance des Lokalen stattfinden kann. Aber eben nur dann – deshalb kann und nicht muß –, wenn es gelingt, lokale Besonderheiten global zu verorten und in diesem Rahmen konfliktoffen zu erneuern. Genau dies wird mit dem Zusammenschluß zu einer Region oder zu einer übergeordneten Einheit intendiert. Kulturelle und politische Anerkennungskämpfe sind auf den verschiedenen Ebenen vorprogrammiert.[23]

Hier befindet man sich dann außerdem an einer weiteren Schnittstelle, die Robert ROBERTSON mit dem Kunstwort Glokalisierung bezeichnet hat. Das Ineinanderblenden von global und lokal trägt

---

[23] Vgl. dazu den viel beachteten Entwurf von Charles Taylor *Multikulturalismus und die Politik der Anerkennung* (1993:13f.).

dabei einer Doppelstruktur modernen Wirtschaftens Rechnung: so ist jeder Produktionsprozeß materiell und sozial ans Territorium, an einen Standort gebunden. Gleichzeitig geht es aber auch um Werte und Geld, die unabhängig von der Spezifik der Produktionsbedingungen an Standorten sind und in der Waren- und Kapitalzirkulation im globalen Raum nur dann etwas ‚gelten', wenn sie die globalen Normen nicht unterschreiten. Demzufolge ist das Lokale nicht nur als *Aspekt* des Globalen zu verstehen, sondern Globalisierung – als ambivalenter Prozeß gedacht – beschleunigt das Zusammenziehen, das Aufeinandertreffen lokaler Kulturen, die in diesem ‚clash of localities' inhaltlich neu bestimmt werden müssen. „Das Globale ist an und für sich nicht dem Lokalen entgegengesetzt. Das, was man häufig als das Lokale bezeichnet, ist vielmehr ein konstitutiver Bestandteil des Globalen" (Robertson 1998:208). Bezogen auf die RegioTriRhena, wo drei politisch-kulturelle-sprachliche Regionen aufeinandertreffen, heißt dies, daß der grenzüberschreitenden Zusammenarbeit eine besondere Bedeutung zukommen dürfte. Darauf wird in dem vierten Kapitel, wenn es um die Akteure in der Regio gehen soll, zurückzukommen sein.

2.3 Regionalisierung und das ‚Europa der Regionen' als Kehrseite der Globalisierung?

Im folgenden soll der Rahmen geliefert werden, um sowohl theoretisch als auch praktisch nachweisen zu können, daß die Regionalisierung unter globalisierten Lebensverhältnissen eine der großen Herausforderungen bzw. Konfliktpotentiale der Gegenwart darstellt (Werlen 1997:15). Dem *Konzept der Region* wird dabei oft nicht wenig zugemutet: „Sie soll die durch fortschreitende Globalisierungstendenzen ausgelösten wirtschaftlichen und sozialen ‚Entankerungsprozesse' und Schwächen des Nationalstaates und einer noch nicht fest gefügten neuen suprastaatlichen Ordnung und Identität auffangen" (Kujath 1998:7).

Wenn man von neuen Regionalisierungs- und Lokalisierungstendenzen spricht, geht es sofort auch immer um *Begrenzungen der Globalisierung*. So sind als unmittelbare Folge der Globalisierung zunehmend lokale und auch regionale Wirtschaftsräume entstanden, die in bestimmter Hinsicht autark sind, ohne darum sogleich protektionistisch sein zu müssen. Außerdem gibt es innerhalb der Arbeitssphäre einen Bereich der Dienstleistungen, die sich dem Globalisierungsdruck entziehen (sollten). Schließlich existiert eine legitime öffentliche Sphäre, die nicht direkt mit denen anderer Länder und Regionen konkurriert. Dazu gehört die öffentliche Verwaltung von Recht und Ordnung, von Sozialleistungen, von Steuern und anderen daraus entspringenden Aktivitäten (Dahrendorf 1998: 45). Im Kontext solcher ‚Grenzen der Globalisierung' (Altvater/ Mahnkopf 1996) entfaltet sich ein Begriff der Region, der grundsätzlich eine Gemeinschaft bedeutet, die sich durch eine geschichtliche und kulturelle, geographische oder wirtschaftliche Homogenität oder eine Kombination dieser Kennzeichen charakterisieren läßt. Sie ist also grundsätzlich als ein „sozialökonomisches Wirkungsfeld bzw. ein räumlicher Kooperations- und Interaktionszusammenhang mit spezifischen ökonomischen, sozialen und politischen Netzwerken, Institutionen und Kommunikationskanälen" (Läpple 1998:69) zu verstehen. Es ist dabei von Vorteil, daß sowohl der sogenannte Regionalismus als auch der Kommunalismus einen relativ kleinen, überschaubaren Raum zum Gegenstand haben, dessen bescheidene Größe eine Identifikation des Bürgers und der Bürgerin mit dem Gemeinwesen eher ermöglicht, als abstrakte ‚weltbürgerliche Solidarität' (Habermas 1998:163). In ähnlicher Weise setzt die aus den USA stammende Bewegung des Kommunitarismus auf ein Gemeinschaftsdenken, welches helfen soll, die Staatsbürger wieder konkreter über ihre moralischen Rechte und Pflichten nicht nur aufzuklären, sondern wieder aktiv an der Lokalpolitik zu beteiligen (vgl. dazu Kap. 5.1).[24]

Dementsprechend lautet auch die These, daß eine verstärkte Regionalisierung politischer Strukturen keine Fehlentwicklung ist, sondern – ganz im Gegenteil – das sich aufdrängende Gegenstück zur gleichfalls notwendigen festen Vereinbarung von Regeln und Standards

---

[24] Daß es sich dabei oft um einen zweifelhaften Aufwertungsversuch von Gemeinschaftsvorstellungen handelt, sei hier nur am Rande erwähnt. Vgl. dazu Baumann (1999:330f.).

auf internationaler bzw. europäischer Ebene. Folgerichtig wurde in verschiedenen Studien die Stärkung politischer Kompetenz auf der regionalen Ebene oder zumindest die Übertragung wirtschaftspolitischer Kompetenzen an die Regionen zu einer wichtigen Rahmenbedingung für erfolgreiche ökonomische Entwicklungen erklärt (vgl. dazu Kujath 1998:30f.).

Die in zahlreichen Ländern erfolgte Dezentralisierungs- und Regionalisierungspolitik hat dann auch dazu geführt, daß heute vor allem wirtschaftspolitische Zuständigkeiten in größerem Maße von den Regionen wahrgenommen werden, als dies noch früher der Fall gewesen ist.[25] Dennoch – oder vielleicht gerade deswegen – wird im besonderen auf französischer Seite von dem Problem der ungenügenden Regionalisierung gesprochen.[26] Gerade in Zeiten einer globalisierten Wirtschaft besitzen jedoch Regionen ungeahnte Entwicklungsoptionen, da sie in zunehmendem Maße ein „eigenes Akteursgeflecht mit eigenständigen Handlungsmöglichkeiten auf der *Mesoebene zwischen Staat und Kommune* darstellen" (Kujath 1998:15). Zur notwendigen, aber gleichfalls ambivalenten Betonung der Regionen könnte man folgendes bemerken: keine wichtigen wirtschaftspolitischen bzw. arbeitsmarktstrategischen Entscheidungen können heute – wenn diese sinnvoll sein sollen – ohne eine genaue Kenntnis der Gegebenheiten vor Ort (in Frankreich spricht man auch von ‚Geopolitik') getroffen werden, ohne Kenntnis darüber, ob eine Entscheidung in die wirtschaftliche und gesellschaftliche Landschaft der jeweiligen Region ‚paßt' oder nicht, und ohne daß hierüber ein Mindestmaß an Konsens vor Ort besteht. Kompetenzstreitigkeiten sind auch hier absehbar und auf der Tagesordnung des politischen Geschäfts, wie man übrigens sehr schön bei den diversen Sitzungen des Rates der RegioTriRhena mitverfolgen konnte.

Gerade in Zeiten einer starken Dynamisierung der Globalisierung hat eine „Politik der Identität" (Giddens), die mit Regionalisierungsbemühungen problemlos einhergeht, wieder erneuten Auftrieb

---

[25] Anläßlich der Gründung der Europäischen Union 1991 in Maastricht kamen die Regionen auf die Tagesordnung. Gleichzeitig wurde ein Regionalausschuß gebildet (Speiser 1993:194f.).

[26] So etwa Adrien Zeller im Gespräch mit Peter Schenk, in: Schenk (1998a).

erhalten. Im Zuge einer solchen Identitäts-Politik sind neue Fundamentalismen in der ganzen Welt entstanden. Dabei spielen regionalistische, nationalistische und nicht zuletzt ethnizistische Bewegungen eine herausragende Rolle. Wenn man so will, ist dies die andere Seite der Medaille, soll heißen: der Globalisierung. Regionen grenzen sich genauso ab, wie dies die großen Wirtschaftsblöcke gegeneinander tun. Damit stellt sich aber sogleich die Frage der (Markt-) Konkurrenz. Regionen werden auch gegeneinander mobilisiert, wie bsp. der Wettbewerb zwischen der badischen und der elsäßisch-lothringischen Region um die Ansiedlung einer Automobilproduktion gezeigt hat (Enquete 1998:78).[27] Man darf deshalb nicht vergessen, daß der Begriff der Globalisierung mitunter die Tatsache verdeckt, daß auch innerhalb von Europa und seinen Regionen ein enormer Wettbewerb stattfindet.[28] DAMMEYER bemerkt diesbezüglich ganz zutreffend: „Als Entscheidungsträger ist es deshalb unsere Aufgabe mit unseren Regionen zunächst im Wettbewerb der Standorte und Systeme *innerhalb von Europa* bestehen zu können" (Dammeyer/Koelleuter 1997:13).

2.4 Zwischenfazit und Konsequenzen für die RegioTriRhena

Es dürfte bislang einsichtig geworden sein, daß sich die Bedingungen des lokalen Wirtschaftens, der nationalen Politik und der Reproduktion lokaler Kulturen im Laufe der Globalisierung/Regionalisierung bereits geändert haben und in der Zukunft noch weiter ändern werden. Als das Besondere am multidimensionalen und ambivalenten Globalisierungsprozeß hat sich u.a. die – letztlich nur empirisch – zu ermittelnde Ausdehnung, Dichte und Stabilität wechselseitig regional-globaler Beziehungsnetzwerke und ihrer massenmedialen Selbstdefinition ergeben. Diese manifestiert sich in den ver-

---

[27] Vgl. dazu Petignat, Raymond »Faktisch aber gibt es doch zwischen den Teilregionen eine Konkurrenz um Wirtschaftsstandorte« (1996:9).

[28] Zum durchaus auch zerstörerischen Wesen der Konkurrenz gibt Philippe Thureau-Dangin in seiner Arbeit *Die Ellenbogen-Gesellschaft (1998)* Auskunft.

schiedenen sozialen Räumen und zwar auf kultureller, politischer und wirtschaftlicher Ebene. Als *ambivalent* sind diese Prozesse deshalb zu bezeichnen (und in ihrer Ambivalenz sind solche Prozesse auch nicht aufzulösen), weil auf der einen Seite als Reaktion auf eine sich verschärfende Standortkonkurrenz viele Städte und Regionen auf den Versuch einer verstärkten Export- und Weltmarktausrichtung ihrer Ökonomien setzen. Auf der anderen Seite wird dem entgegengehalten, daß eine zukunftsorientierte Stadt- und Regionalpolitik auf die Förderung endogener Potentiale und die Stärkung regionaler Kooperationsnetzwerke ausgerichtet werden sollte (Läpple 1998:61).

Konkret ergeben sich aus dem soeben Dargelegten mindestens drei Ergebnisse:

Durch den verdichteten Integrationsprozeß nationaler Räume gibt es eine neuentstehende Wettbewerbssituation nationaler und regionaler Standorte. Ein verstärkter Kampf um die Ansiedlung von Produktionspunkten findet statt. Wichtig für die Zukunft wird die konzeptionelle Umsetzung einer flexiblen und diversifizierten Qualitätsproduktion, die sich – unter Ausschöpfung der Innovationspotentiale der neuen Technologien – an sich ständig verändernde Märkte und Konkurrenzbedingungen einer triadisch geprägten Wirtschaft anpassen können müßte.

Nutznießer in einer globalisierten Wirtschaft sind in Europa vor allem die hochentwickelten Dienstleistungsregionen, aber auch industriell spezialisierte Regionen. Regionalisierung und Globalisierung bedingen sich in diesen Räumen gegenseitig positiv.[29] Die Orientierung auf die Region steht demzufolge eben nicht im Gegensatz zur Globalisierung, sondern heißt vielmehr Rückbesinnung auf die regionalen Potenzen zur Bewältigung der globalen Herausforderungen.

---

[29] Veser gibt ein negatives Beispiel für Regionalisierung. So wurden in Portugals ärmeren Regionen u.a. mittelständische Unternehmen gefördert, die später Konkurs anmelden mußten. Das Wohlstandsgefälle hat sich durch die erfolglose Regionalförderung nicht abgebaut, sondern verstärkt (1995:3).

Es entsteht ein wachsendes Machtungleichgewicht zwischen den zentralen Akteursgruppen moderner Gesellschaften. Insoweit Globalisierung eine gesellschaftliche Entbettung („disembedding") der nationalen und internationalen Märkte vorantreibt, zerstört sie unter Umständen die Demokratie und damit auch die marktfundierte Wirtschaftsweise. Eine wichtige Folge könnte sicherlich die *Gefährdung des sozialen Zusammenhalts* sein, von der u.a. DAHRENDORF spricht (Dahrendorf 1998:48).

Des weiteren dürfte es unmittelbar einsichtig geworden sein, daß die soeben beschriebenen Veränderungen neue Herausforderungen an die Routinen, Praktiken sowie Verhaltens- und Denkformen der handelnden Akteure in einer Gesellschaft bzw. in einer Region stellen. Um diese meistern und gestalten zu können, wird es nötig sein, einen neuartigen oder wenigstens *lernfähigen Anpassungsprozeß* seitens der Organisationen, Institutionen und den darin agierenden Menschen beginnen zu lassen.[30]

Und welche Konsequenzen hinsichtlich der aufgezeigten Globalisierungs- und Regionalisierungsprozesse ergeben sich zum gegenwärtigen Zeitpunkt der Untersuchung für die RegioTriRhena? Zuerst einmal kann es als sicher gelten, daß die angeführten Globalisierungs- und Regionalisierungsprozesse in der RegioTriRhena enorme Auswirkungen haben und daß vielfältige Versuche von institutioneller und unternehmerischer Seite aus unternommen werden, auf diese neuen Gegebenheiten angemessen zu reagieren.[31] Wie diese Auswirkungen im einzelnen aussehen und welche Lösungsstrategien damit in Verbindung gebracht werden, wird im folgenden noch zu zeigen sein. Generell wird die Globalisierung auch gerade in der Regio als Grund angeführt, weshalb Produktionen ins Ausland verlagert und Arbeitsplätze am Standort abgebaut werden (BAK 1996:14). Trotzdem liegt die Regio mit einer Arbeitslosenquote von ca. 7 Prozent (August 1997) immer noch gut im Vergleich zum

---

[30] Vgl. dazu die Passage bei Schwengel, wo dieser schreibt: „Entscheidend ist die Erfindung exemplarischer Institutionen und Verfahren der Konfliktbewältigung, die die Probleme der Globalisierung zerlegen, Wahlprozessen unterwerfen und Entscheidung ermöglichen" (1999:17).
[31] Gespräch mit Jean-Claude Hager (Hager 1998).

westeuropäischen Durchschnitt, der bei ca. 11 Prozent liegt. Damit die RegioTriRhena im Vergleich zu anderen Regionen weiterhin bestehen kann, ist jedoch zukünftig stärker zu berücksichtigen, daß ein regionales Wirtschaftswachstum in hohem Maße vom *Erfolg der regionalen Schlüsselindustrien* einerseits und andererseits von der *Schaffung neuer Arbeitsplätze im Dienstleistungssektor* abhängig sein dürfte.

Die spezifischen Vorteile der einzelnen Regionen sollten darüber hinaus synergetisch zum Gesamtnutzen der Regio beitragen helfen. Dabei könnte die grenzüberschreitende Zusammenarbeit u.a. zur Ausnützung der komparativen (Kosten-)Vorteile genutzt werden (s. Kap. 3.4). Damit die RegioTriRhena als eine erfolgreiche Region im Wettbewerb auftreten kann, müsste sie *erstens* einen attraktiven Arbeitsmarkt bereitstellen, der die Nachfrage der Industrien in der Regio befriedigen kann. Ebenso wichtig wäre *zweitens* das Verfügen über eine zuverlässige und effiziente Regierung, die auf drei Ebenen gleichzeitig agiert: regional, national und supranational. Schließlich muß *drittens* dafür gesorgt werden, daß der Marktzugang unbeschränkt für potentielle Marktteilnehmer ist (Dammeyer/Koellreuter 1997:22; BAK 1998b:23f.).

Ob und inwieweit sich die RegioTriRhena für die Herausforderungen und Chancen der Globalisierung/Regionalisierung gut vorbereitet zeigt, läßt sich erst dann differenzierter beantworten, wenn man sich darüber klar geworden ist, wie der Wirtschaftsraum RegioTriRhena strukturell beschaffen ist und, welche wichtigen politischen Rahmenbedingungen auf regionaler, nationaler und europäischer Ebene vorliegen. Genau darum soll es im folgenden gehen.

3. Wirtschaft und Politik in der RegioTriRhena

3.1 Handlungsspielräume im globalen Zeitalter und in der RegioTriRhena – Primat der Politik oder Eigenlogik des Marktes?[32]

Im folgenden geht es um den wirtschafts- bzw. ordnungspolitischen Rahmen, in dem die wirtschaftlichen, wissenschaftlichen und politischen Akteure in der RegioTriRhena leben und arbeiten, auftreten und sich bewegen. Es wird prinzipiell notwendig sein, nach den konkret ‚objektiven' Bedingungen zu fragen, die hauptsächlich vom Markt und, heute für viele schon nicht mehr selbstverständlich, ebenso der Politik auf den Ebenen der Kommunen, der Länder, des Bundesstaates und Europas vorgegeben werden. Dabei ist man sich weitgehend einig, daß die großen Rahmenbedingungen des wirtschaftlichen Handelns in Europa in zunehmenden Maße gemeinsamer europäischer Regelungen bedürfen, die lokal umgesetzt werden müssen (Knemeyer 1994:23). Zur aktiven Bekämpfung der Arbeitslosigkeit etwa wird es nicht ausreichen, einfach Beschäftigungsgipfel zu lancieren oder „Bündnisse für Arbeit" zu schmieden. Außerdem ist generell zu berücksichtigen, daß Brüssel, aber auch andere politische Institutionen mit ihren Verwaltungsapparaten – absichtlich oder unabsichtlich – nicht zum Verhinderer für gemeinsame Projekte werden.[33] Eine weit verbreitete Einschätzung hinsichtlich einer als notwendig erachteten Effizienzsteigerung der Politik lautet dann auch: „Die nach dem Prinzip der Wahlstimmenmaximierung organisierten politischen Systeme müssen, wollen sie Arbeitsplätze und soziale Sicherung anbieten, die Wettbewerbsfähigkeitsfaktoren und damit letztlich die Investitionsbedingungen des

---

[32] Den Ausdruck ‚Globales Zeitalter', engl. ‚Global Age', der als Analogie zu ‚Modern Age, Neuzeit, zu verstehen ist, entnehme ich Martin Albrow, in: Albrow (1998:15).

[33] Daß solche Befürchtungen auftauchen, konnte man sehr schön bei einem Diskussionsforum anläßlich eines Kolloquiums in Straßburg zum Thema *„Les projets transfrontaliers dans la construction européenne"* beobachten, 15./16.01.98.

privaten Unternehmenssektors in den Mittelpunkt ihrer Politik stellen" (Enquete 1998:53). Gleichzeitig bedarf es aber einer staatlichen Ordnungspolitik, die eine Einbettung von Märkten vornehmen muß und die den Übergang und die Bewegung auf einen neuen Entwicklungspfad überhaupt erst ermöglicht (ebd:243), um die drängenden Probleme angehen zu können. Sogleich stellen sich dann die folgenden Fragen: Wo sind die Strukturen für die Ordnung des Marktes? Wer gibt diese Strukturen vor, und wie lassen sie sich gegebenenfalls verändern?

Es dürfte mittlerweile unumstritten sein, daß eine arbeitsteilige Wirtschaft auf wesentliche Elemente marktwirtschaftlicher Steuerung angewiesen ist, um effizient und kostengünstig am Weltmarkt bestehen zu können. Normativ betrachtet ist es aber ebenso unhintergehbar, daß das Wirtschaftssystem innerhalb der Gesellschaft immer den Charakter eines Subsystems aufweisen sollte. Soll heißen: *Die Ökonomie ist das Mittel, um vitale Bedürfnisse zu befriedigen, und eben nicht Endzweck, um dessen willen man die Menschen vergißt.* Was passiert, wenn die Ökonomie die Oberhand gewinnt, kann sehr schön an der bereits erwähnten und vorherrschenden, aber auch kritisierten Doktrin des Neoliberalismus aufgezeigt werden. Dessen grundlegende Ordnungsidee ist letztlich die Durchsetzung der totalen Marktwirtschaft. Daß man sich dabei aber in einen ökonomistischen Begründungszirkel verstrickt, zeigt ULRICH: der Zirkel besteht darin, „dass die Rahmenordnung des Marktes, die diesen ja legitimieren soll, letztlich selbst wiederum unter dem rein ökonomischen Gesichtspunkt der Markteffizienz begründet wird" (1997:347). Doch reicht es sicherlich nicht aus, die Inkonsistenz einer Position aufzudecken, um sie ihrer Wirksamkeit zu berauben.

Um einer vielfach zurecht postulierten *Eigenlogik des Marktes* vorzubeugen, bedarf es – so lautet die These – generell einer Einbindung der Marktkräfte in die ethisch-politischen Grundsätze und Spielregeln einer wohlgeordneten Gesellschaft (vgl. dazu Ulrich 1997:17f.). Dazu bedürfte es allerdings eines herzustellenden „Primats der politischen Ethik vor der Logik des Marktes" (Maak/Lunau 1998:21, auch Rosenkranz 1998). Wohlgeordnet könnte man ein modernes Gemeinwesen dann nennen, wenn dreierlei erfüllt wäre.

1. Erstens geht es dabei grundsätzlich um die Schaffung und den Erhalt des Wohlstandes für eine möglichst große Zahl der Bevölkerung.

2. Zweitens bedarf es einer politischen und rechtlichen Rahmenordnung, ferner eines moralischen Willens, um die Erzeugung und Gewährleistung des sozialen Zusammenhaltes liefern zu können.

3. Drittens muß es um die dauerhafte Sicherheit für einen möglichst großen Raum politischer Freiheit(en) gehen.

Aber warum ist es überhaupt notwendig, eine angenommene Eigenlogik des Marktes, die nicht nur, aber eben auch von neoliberalen Ideologen begrüßt und gefördert wird, zu kritisieren? Deren Position läßt sich konkret – in aller Kürze – wie folgt fassen: grundlegend ist die – ständig wiederholte – Behauptung, daß angesichts globalisierter Märkte die finanz- oder sonstwie politische Steuerung (‚regulatory action') in keiner Weise mehr möglich sei – und auch gar nicht mehr herstellenswert – oder derzufolge der Handlungsspielraum *politischer Akteure* in globalen Systemen bis zur Insignifikanz abfalle (Kettner 1997:905).[34] Diese keineswegs leichte Frage läßt sich wohl – empirisch – am besten aus der Perspektive der Akteure vor Ort beantworten. Dennoch existieren schon einige Ergebnisse eines weitgehend neoliberalen Wirtschaftskurses der letzten Jahre. Einige davon sind durchaus erwähnenswert. Trotz anhaltendem Wirtschaftswachstum und erzielter Rekordgewinne bei vielen (großen) Unternehmen setzt dieses Wachstum – klassisches Ziel einer jeden Politik – nicht mehr unbedingt den Abbau von Arbeitslosigkeit in Gang, sondern genau umgekehrt den Abbau von Arbeitsplätzen voraus: jobless growth. Dies gilt selbstverständlich auch auf lokaler Ebene, respektive hier für die RegioTriRhena. Durch Bankenfusionen (SFB) verlieren einige Tausend qualifizierte Menschen ihre Stelle, durch sogenannte Umstrukturierungsmaßnahmen in

---

[34] Die auch für die RegioTriRhena zuständige Regierungspräsidentin des Kantons Basel-Stadt Veronica Schaller hält beispielsweise das Primat der Politik für eine Illusion, in: Basler Zeitung, 31.01/1.02.98, S.31.

Betrieben und Institutionen (Paradebeispiel sind die Universitäten und die Schulen) geschieht im Prinzip das gleiche.[35]

Man kann sich, besser: man muß sich die Frage stellen, wie denn analog zu einer ‚guten bzw. wohlgeordneten Gesellschaft' eine ‚gute Wirtschaft' aussehen könnte. Im wesentlichen gehören dazu drei Komponenten, die auch in der RegioTriRhena berücksichtigt werden sollten (vgl. dazu Koellreuter 1998).

Aus einer makroökonomischen Perspektive betrachtet, müßte man über *eine stabile Geld- und Fiskalpolitik* verfügen, was gleichfalls relativ stabile Finanzmärkte miteinschließen würde. Eine ungelöste, kontrovers diskutierte Frage ist, ob die Einführung des EURO hier neue positive Impulse wird geben können.

Flexible und möglichst offene Märkte wären sodann die zweite Bedingung der Möglichkeit einer funktionstüchtigen und einer dem Strukturwandel aufgeschlossenen Wirtschaft. Hier ist durchaus den vielfach eingeschlagenen Deregulierungs- und Privatisierungsstrategien zu folgen. Jedoch bedürfen diese Maßnahmen jeweils einer sorgfältigen, möglichst unabhängigen Prüfung seitens Dritter.

Last but not least ist in der *Steigerung der Produktivität der kleineren und mittleren Unternehmen* eine entscheidende Möglichkeit zur Verbesserung der Lage zu sehen. Ein grundsätzliches Problem von großer Tragweite ist dabei folgendes: von verschiedenster Seite wird – nicht ganz zu unrecht – behauptet, daß das Volumen der Erwerbsarbeit in den nächsten Jahren und Jahrzehnten mehr oder weniger schnell abnehmen werde.[36] Zusätzlich erschwerend kommt hinzu, daß – global und lokal betrachtet – immer mehr Menschen auf den Arbeitsmarkt drängen werden. Die Frage der Transformation der

---

[35] Es wäre eine ganz eigenständige Arbeit notwendig, um zeigen zu können, wie über Begriffe wie z.B. Umstrukturierung, Verschlankung etc. Prozesse und Maßnahmen (nicht zuletzt mittels Wissenschaft) verdeckt bzw. verharmlost werden, die häufig zu Lasten von Globalisierungsverlierern gehen, ganz konkret: zu deren Entlassung.

[36] Zu dieser überaus bedenklichen Entwicklung siehe u.a. Bartz (1998: 221). Der Wirtschaftsethiker Hans Ruh hat auf dem Dreiländer-Kongreß (13./14.11.97) in Basel die provokante Behauptung aufgestellt, derzufolge die Hälfte der gegenwärtig Beschäftigten in 20 Jahren nicht mehr gebraucht würden!

Arbeitsgesellschaft in eine Teilzeitarbeits-, Bürgergesellschaft oder wie auch immer Gesellschaft ist gestellt, aber keinesfalls überzeugend beantwortet.[37] Es wird auf alle Fälle auch darauf ankommen, den Globalisierungsverlierern – mittels Bildungsmaßnahmen und wohlfahrtstaatlichen Programmen – Perspektiven aufzuzeigen.

Positiv bleibt zu vermerken, daß ausgewiesene Wirtschaftsfachleute, die in der RegioTriRhena arbeiten, mittlerweile die Verengung der Perspektive auf die (klassische) Wachstumsdoktrin als etwas Negatives empfinden und zu folgenden bedenkenswerten Überlegungen in den *REGIO-Perspektiven* kommen: „Langfristig kann die Regio als Standort jedoch nur konkurrenzfähig bleiben, wenn das erreichte Wirtschaftswachstum nicht zu übermässigen sozialen Spannungen führt oder nicht auf einer zunehmenden Umweltzerstörung basiert" (BAK 1997a:15). Ist dies mehr als ein bloßes Lippenbekenntnis oder genauer gefragt: wie geht man also mit der angesprochenen Problematik »*Primat der Politik oder Eigenlogik des Marktes*« in der RegioTriRhena um?

Dr. Andreas BURKHARDT, Direktor der Handelskammer beider Basel, bemerkt bezüglich der aktuellen Situation völlig zurecht, daß sich die regionale Wirtschaft längst nicht mehr an die nationalen und an die kommunalen Strukturen hält. Auch die Konsumenten richten sich nicht mehr nach den national geprägten politischen Strukturen, und durch eine solche Überwindung des Standortes werde die Politik teilweise in Frage gestellt und umgangen. Freilich bleibt es zu bezweifeln, ob man wirklich nur noch von einem mehr oder minder geschickten „Nachvollzug durch die Politik" (Haefliger 1998) sprechen kann. Viel eher ist KOELLREUTER darin zuzustimmen, daß es eine viel größere Rolle spielt, *„welche Politik betrieben wird"* (1998). Offensichtlich sind aber die Interessen der Unternehmer (und deren legitimes Interesse am Bestehen im internationalen

---

[37] Es wird nicht ausreichen, die Zukunft der Demokratie jenseits der Arbeitsgesellschaft mittels dem Fluchtpunkt Bürgergesellschaft begründen zu wollen, so z.B. Beck (1997:107). Vielmehr käme es darauf an, die Wandlungsprozesse in der Arbeitssphäre zu beschreiben. Genau daran mangelt es dann u.a. in dem aktuellen Entwurf von Beck mit dem Titel *Schöne neue Arbeitswelt* (1999).

Wettbewerb) und der Politiker (denen es primär um Wiederwahl und Machterhalt geht) nicht nur nicht die gleichen, sondern oftmals schwierig oder gar nicht miteinander in Einklang zu bringen (Endress 1998). Eine Lösung des angesprochenen Dilemmas könnte in einer neugestalteten und verstärkten Einbindung von Unternehmern in die Politik bzw. vice versa von Politikern in die Wirtschaft sein.[38] Lobbying ist in diesem Kontext eine Methode, die von manchen Unternehmern heutzutage verstärkt als Chance wahrgenommen und betrieben wird.

3.2 Die Regio als Wirtschaftsraum: Strukturen und Branchen

Bevor man dem meines Erachtens erstrebenswerten Ziel – nämlich einen einheitlichen, aber keineswegs homogenen Wirtschaftsraum bilden zu wollen – genauer nachgeht, ist prinzipiell darauf hinzuweisen, daß die wirtschaftspolitischen Rahmenbedingungen in den jeweiligen Teilregionen doch noch recht unterschiedlich beschaffen sind: so gehören zwar sowohl die französischen als auch die deutschen Teile der RegioTriRhena zum EU-Binnenmarkt, aber hinsichtlich der je nationalen Steuerbelastung der Unternehmen, den Lohnniveaus und der Standards (Umweltschutz, Bau etc.) wird es noch stärker als bisher nötig sein, Angleichungen vorzunehmen, bzw. bestehende Unterschiede so weit wie möglich positiv auszugleichen (vgl. dazu Leitbild der RegioTriRhena 1998:9).

Große Probleme bereitet natürlich die Nichtzugehörigkeit der Schweiz zur EU. Trotzdem kann bereits zum gegenwärtigen Zeitpunkt der RegioTriRhena eine beachtliche wirtschaftliche, politische und kulturelle Vernetzung bescheinigt werden. Dabei sind die Verbindungen auf dem Arbeitsmarkt am engsten, gerade wenn man die rund 50.000 täglich pendelnden Grenzgänger in Betracht zieht. Als besonders günstig kann die zentrale, europäische Lage der RegioTri-

---

[38] Ein gegenseitiger Lernprozeß ist sicherlich wünschenswert und dieser klingt dementsprechend von Zeit zu Zeit in den Medien als Desiderat an. Dennoch ist die Machtfrage, die sich zwischen Unternehmern und Politikern stellt, in der Praxis nicht von der Hand zu weisen.

Rhena und ihre hervorragenden Verkehrsverbindungen in der Luft (EuroAirport), zu Wasser und zu Lande, vor allem in Nord-Süd-Richtung, angeführt werden. Was jedoch die West-Ost-Verbindungen anbelangt, besteht Handlungsbedarf. Der *Verkehrserschließung* kommt auch deshalb eine zentrale Rolle zu, weil sie vermutlich den bedeutendsten Faktor der wirtschaftlichen Rahmenbedingungen darstellt. Hier scheint die RegioTriRhena – trotz dieser Einschränkungen – im europäischen Vergleich verhältnismäßig gut gerüstet zu sein für den globalen Wettbewerb.

Nun einige Bemerkungen zur hiesigen Branchenstruktur:

Vorab läßt sich bemerken, daß in der Regio eine sehr unterschiedliche Branchenstruktur vorzufinden ist. Der Wirtschaftsraum ist aber stark von der – hauptsächlich in Basel ansässigen – chemisch-pharmazeutischen Industrie geprägt. Diese als Leitbranche zu bezeichnende Industrie ist in international tätige Konzerne (Novartis, Roche, Rhône Poulenc etc.) eingebunden. Für diese Großunternehmen zeigt sich ein weltweit zu verzeichnender Umstand, wonach die multinationalen Unternehmen (transnationale Unternehmen) riesige Erfolge feiern, fusionieren und als „global players" millionenschwere Gewinne bilanzieren und damit auch für positive Effekte in den jeweiligen Regionen sorgen (vgl. Kap. 4.2.). Daß sich dies nicht unbedingt mit einer positiveren Entwicklung auf dem Arbeitsmarkt verbinden läßt, gehört sicherlich zu einer entscheidenden und überaus negativen Ambivalenz der Globalisierung.[39] Die übrigen Zweige der Industrie, des Dienstleistungssektors und der gewerblichen Wirtschaft sind vorwiegend mittelständisch strukturiert. Wichtig sind in diesem Zusammenhang Maschinen-/Apparate-/Fahrzeugbau, Finanzdienstleistungen und die Verkehrswirtschaft. Wie andernorts zeigt sich auch in der Regio ein – vielfach beobachtbarer – Trend zum tertiären Sektor, respektive zu den Dienstleistungen, aber eben nicht in gleichem Maße wie etwa in Amerika oder in den Nieder-

---

[39] Für die Regio aktuell: »Une progression de l'emploi total de plus d'un demi point de pourcentage est à peine concevable et cette hausse sera davantage imputable à un recours accru au temps partiel qu'à une augmentation d'origine conjoncturelle de l'offre de travail«, in: Renauld (1998:3).

landen. Interessanterweise ist es dabei im Elsaß und in Südbaden – im Gegensatz zur Nordwestschweiz – eher gelungen, den Abbau der verarbeitenden Industrie durch den Ausbau des Dienstleistungssektors überzukompensieren. Das regionale Wirtschaftswachstum wird sich insgesamt aller Voraussicht nach für das Jahr 1998 bei einem Wert um die 3 Prozent einpendeln (BAK 1998a:6). Ein durchaus differenzierteres Bild ergibt sich beim Blick auf die jeweiligen Teilregionen für die Jahre 1997/98:

Im Elsaß zeigt sich eine sehr diversifizierte Wirtschaftsstruktur. So lebt diese französische Region von ihrer Industrie, mit besonderen Stärken in der Mechanik- und Autoindustrie sowie der Pharmazeutik, von den Banken, den internationalen europäischen Organisationen, dem Einkommen aus Landwirtschaft, dem Tourismus und der – überregional bekannten – Gastronomie. Durch die leicht geringeren Lohnkosten – wiederum im Vergleich zur Nordwestschweiz und Südbaden – gelingt es in größerem Maße Betriebe anzuziehen. 500 Unternehmen gründeten in den vergangenen 25 Jahren eine Niederlassung im Elsaß. 42 Prozent aller Investoren sind Ausländer, die meisten davon Deutsche. Für das Jahr 1998 weisen vor allem die Investitionsgüterindustrien und in diesem Bereich vor allem die Automobilindustrie und die dabei vorgelagerten Zulieferindustrien einen positiven Trend auf. Auch der Dienstleistungssektor, insbesondere der Sektor der gewerblichen Dienstleistungen, gewinnt an Dynamik und trägt aller Voraussicht nach zu dem ca. dreiprozentigen Wachstum im Elsaß bei. Damit ist es im Elsaß offensichtlich gelungen, sich als ein idealer Standort für „die Produktion von den Gütern zu präsentieren, welche auf der Wertschöpfungsskala in einer mittleren Position einzuordnen wären" (BAK 1998a:25). Im Ergebnis erscheint das Elsaß der genuine Profiteur der aktuellen Entwicklung der internationalen Arbeitsteilung innerhalb des gesamten Oberrheingebietes zu sein.[40]

In der Nordwestschweiz dominiert – nicht nur optisch – die chemisch-pharmazeutische Industrie den Großraum Basel, und dies nun bekanntlich schon seit längerer Zeit, eindeutig. Die günstige Wäh-

---

[40] Daß dies auch ein Ergebnis einer großzügigen Wirtschaftsförderung ist, sei an dieser Stelle nur kurz erwähnt, vgl. dazu Badische Zeitung, 2.10.98.

rungsentwicklung, die durch Fusionen, Outsourcing und Ausgliede-
rungen erzielten Kostenreduktionen und ein zuletzt deutliches Men-
genwachstum in vielen Tätigkeitsbereichen lassen enorme Zuwachs-
raten beim Umsatz und beim Gewinn in dieser Branche erwarten
(Füeg 1997:3). Auch die Investitionsgüterindustrien spielen eine
wichtige Rolle. In diesen beiden Sektoren der Wirtschaft zeigt sich
1998 erneut der Export als Wachstumsmotor Nummer eins. Daneben
sind die Finanzwirtschaft, also der Bankensektor und das Versiche-
rungswesen traditionell – wie in der ganzen Schweiz – von großer
Bedeutung. Anders jedoch als früher spielt seit Neuem der Dienstleistungssektor eine zunehmende Rolle. So hat der Verkehrssektor
ebenso wie der Großhandel von der regen, insbesondere grenzüberschreitenden Handelstätigkeit profitieren können. Gerade im Luft-
verkehr hat sich das Wachstum weiter fortgesetzt. Dieses doch
hauptsächlich positive Bild wird sehr schnell bei einem Blick auf die
Entwicklung der Arbeitslosigkeit relativiert. Hier zeigt sich nämlich,
daß die Rede von den Globalisierungsgewinnern respektive – ver-
lierern – bei aller Vereinfachung – nicht gänzlich an der Realität
vorbeigeht. So schreibt FÜEG in aller Deutlichkeit: „So positiv sich
der Abbau der Personalbestände auf die Kostenentwicklung der
Unternehmungen und allenfalls auf deren Börsenwerte ausgewirkt
hat, und so beruhigend die dabei eingesetzten sozialverträglichen
Methoden für die Region insgesamt auch sein mögen, so negativ
sind die Konsequenzen dieser Entwicklung für die Berufseinsteiger
(...), sowie für ältere Arbeitssuchende, die in vielen Fällen schon
nicht einmal Gelegenheit erhalten, sich persönlich vorstellen zu
können" (1997:10).

In Südbaden schließlich spielt die chemische Industrie in der Teilregion Lörrach die Rolle einer Schlüsselbranche. Den wachstumsmäß-
igen Anschluß an den Nachbarn in der Schweiz hat man bislang jedoch nicht geschafft (BAK 1998a:8). Südbaden fungiert aber hauptsächlich *im Sinne eines Dienstleistungszentrums am Oberrhein.* Hier
zeigt sich aber auch sofort ein Problem, denn bislang konnte es nicht
bewerkstelligt werden, eine überdurchschnittlich hohe Wertschöp-
fung pro Erwerbstätigen zu erzielen. Dagegen konnte der Ma-
schinenbau in der jüngsten Vergangenheit die veränderten
Exportchancen nutzen und auch die Automobilzulieferer freuen sich

über Rekordzulassungen. Relativ schlecht geht es dagegen den Gastronomieunternehmen und dem Gesundheitssektor (Krankenhäuser, Ärzte und der Physiotherapiebereich mit der Gesundheitsreform). Für die Schaffung neuer Arbeitsplätze bestehen in der Teilregion Freiburg – neben notwendigen Anpassungsprozessen an weltwirtschaftliche Rahmenbedingungen bezüglich des Dienstleistungssektors – gute Chancen in den Hightech-Bereichen BioMed, Umwelttechnologie (Sunvalley) und Mikrosystemtechnik. Die dabei bereits vorhandenen Forschungs- und Ausbildungskapazitäten liefern für diese Entwicklung ein überaus brauchbares Umfeld (Büro für Publizistik GmbH 1997:47).

Nach dieser Übersicht stellt sich die Frage, wie sich die *Prozesse der Globalisierung* in der Regio bis zum gegenwärtigen Zeitpunkt eigentlich bemerkbar machen. Das vorläufige Resultat ist ein zweifaches und ein ambivalentes dazu:

Nicht nur, aber eben vor allem global tätige und auch in der Regio ansässige Unternehmen (Novartis, Endress + Hauser) sehen sich einer wachsenden weltweiten Konkurrenz ausgesetzt (Endress 1998) (vgl. Kap. 4.3). Als Reaktion auf diese Veränderungen werden Produktionsstätten näher an neue Märkte oder in Länder mit niedrigeren Produktionskosten und besseren Standortbedingungen verlegt. Zum Zeitpunkt, als die hiesige Binnennachfrage problematisch wurde, haben die Unternehmer folgerichtig auf die Exporte gesetzt. Das Schlagwort der Globalisierung wurde – zumindest in dieser Hinsicht – zur Chance umgemünzt. Das allgemeine Wohlergehen – im primär ökonomischen Sinne – der Region hängt auch in Zukunft nicht unwesentlich vom Zustand ihrer ‚Motoren' ab: wie entwickeln sich die Exportmärkte, die Chemie, die Pharmazie, die Investitionsgütermärkte und die Automobilindustrie? Nimmt man die Entwicklung der letzten Jahre zur Grundlage einer Prognose, so sind die Aussichten insofern nicht schlecht, als sich der positive Trend fortsetzen dürfte.

Mit der soeben beschriebenen Entwicklung gehen aber auch Umstrukturierungen und Fusionen einher, die vor allem Arbeitsplätze kosten. Natürlich, und hierin zeigt sich eine weitere Ambivalenz, zwingt der Wettbewerbsdruck die Unternehmen zur Innovation und

Konzentration auf sogenannte hochwertschöpfungsintensive Bereiche, wodurch sich prinzipiell die Chance für die Schaffung neuer und stabiler Arbeitsplätze bietet.[41] Der Einschätzung, derzufolge es in allen Teilregionen der RegioTriRhena gelungen sei, den Globalisierungsherausforderungen zu begegnen (BAK 1997a:24), ist dennoch mit Vorsicht zu begegnen. Dies konnte zwar teilweise durch die Schaffung neuer Arbeitsplätze im Dienstleistungssektor durchaus gelingen. Trotzdem sind die Aussichten für die Entwicklung des Arbeitsmarktes alles andere als zuversichtlich, denn genährt „wird der Zuwachs im wesentlichen durch eine verstärkte Ausrichtung auf den Teilzeitsektor und weniger durch ein konjunkturbedingtes Mehrangebot an Arbeit (BAK 1998a:6). So erfolgte eine notwendige starke Produktivitätssteigerung lediglich in der Nordwestschweiz. Als richtig und zentral für die Zukunft hat sich in diesem Zusammenhang folgender, m.E. als besorgniserregend zu qualifizierender Umstand bewahrheitet: „Produktivitätssteigerungen schließen Veränderungen der Arbeitsplätze (auch deren Vernichtung), der geforderten Qualifikationen und der sozialen Kompetenzen ein" (Messner 1998:90).

3.3 Standortwettbewerb, Strategien und drei Beispiele aus der Praxis

Im Europa von morgen gilt es, die regionalen Stärken – und im vorliegenden Fall zusätzlich die grenzüberschreitenden Synergien der RegioTriRhena – auszunutzen, um im weltweiten Standortwettbewerb mithalten zu können. Standortwettbewerb ist allgemein als Wettbewerb standortgebundener Produktionsfaktoren um mobile Faktoren zu fassen. Durch die allgegenwärtige ‚*Standortdebatte*' sehen sich Regierungen damit konfrontiert, Standorte quasi „wie Unternehmungen" zu managen. Gemeinsame Antworten auf diese Herausforderungen waren in den letzten Jahren vermehrte Wirt-

---

[41] Trotz einer bereits angesprochenen Transformation der Arbeitsgesellschaft gilt es die Bedeutsamkeit der Arbeitsproblematik zu betonen. Insbesondere dann, wenn man sich die Wichtigkeit der Arbeit für die Ausbildung einer Identität vergegenwärtigt.

schaftsförderungsprogramme und staatliche Reformen. Bei der heute verbreiteten Standortpolitik geht es in der Regel um eine vom Zentralstaat oder von den Regionen selbst initiierte, arbeitsplatz- und innovationsorientierte Regionalpolitik. Eine verbesserte Standortattraktivität könnte durch institutionelle Reformen erfolgen, die den politischen Akteuren Anreize geben, sich tatsächlich wie Manager zu verhalten, denn Standortwettbewerb ist hauptsächlich ein Wettbewerb zwischen Institutionen und den von diesen auferlegten politischen Verhältnissen. Mit der generellen Entwicklung hin zu einer Dienstleistungsgesellschaft, vor allem aber durch die zentrale Bedeutung der politischen Rahmenbedingungen (Institutionen, Gesetze, Regulierungen usw.) hat die gegebene natürliche Faktorausstattung im Sinne der traditionellen, neoklassischen Außenhandelstheorie für die wirtschaftliche Entwicklung an Bedeutung verloren. Dabei gilt es nach wie vor zu berücksichtigen: *„Standortattraktivität ist historisch gewachsen und weitgehend politikgemacht"* (Schaltegger 1997:6). Sie kann von den Regierungen und anderen (immobilen) Akteuren eines Standortes wesentlich beeinflußt werden. Zu den verbreiteten prozeßpolitischen Maßnahmen des Standortmanagements gehören zentral die Vermittlung von Informationen und das sogenannte *Standortmarketing*.[42]

Zu den grundsätzlichen Strategien vor Ort müßte demzufolge gehören, daß die Standortfaktoren, die speziell für global tätige Unternehmen wichtig sind, in allen Teilregionen der RegioTriRhena verbessert werden. Außerdem sollten verstärkt Voraussetzungen geschaffen werden, die es ermöglichen, innovative und mittlere Firmen aufzubauen bzw. Innovationen in bestehende Firmen einzubringen. Für die Regio kann es auf alle Fälle nicht länger sinnvoll sein, auf große Industrieansiedlungen zu hoffen. Hier würde man – in diesem nicht anstrebenswerten Fall – sicherlich zum Opfer einer klassischen Modernisierungspolitik werden. In klarer Absetzung dazu kommt m.E. für die RegioTriRhena vier wirtschafts- bzw. standortpolitischen Strategien vorrangige Bedeutung zu:

---

[42] Dies widerlegt nicht zuletzt die pauschale Annahme von der Unmöglichkeit einer Einflußnahme von Seiten der Politik auf das Wirtschaftsgeschehen, respektive auf die Unternehmen.

Vorhandene Stärken, die in den wertschöpfungsintensiven und innovativen Branchenstrukturen liegen, müßten ausgebaut und den Bedingungen des Weltmarktes angepaßt werden.

Forschung und Entwicklung bedürften einer noch *stärkeren Vernetzung*, insbesondere über die Grenzen nach Frankreich und die Schweiz hinweg. Alle Studien zeigen im übrigen, daß das entscheidende Gut zukünftiger Gesellschaften die Ressource Wissen ist. Finanzpolitisch können selbstverständlich andere Akzente gesetzt werden, doch man kann schon heute wissen, auf was man sich damit einläßt. Zukunftstechnologien, wie die Bio- und Gentechnologie, sollten vorangetrieben werden. Natürlich bedarf es zum einen einer ethischen Kontrolle solcher Vorhaben und zum anderen müssen Möglichkeiten geschaffen werden, eine möglichst breite Partizipation/Aufklärung von Seiten der Bürger zu erzielen.

Eine *verstärkte Kooperation* scheint, über das bereits bestehende Maß hinaus, dort sinnvoll zu sein, wo die Konzentration der vorhandenen Mittel und der Abbau von Konkurrenzen eine bessere globale Position (Standortmarketing) ermöglichen und dementsprechend vorhandene Aufgaben effektiver gehandhabt werden können.

Globalisierung und Nachhaltigkeit: Langfristig kann die Regio als Standort nur dann konkurrenzfähig bleiben, wenn das erreichte Wirtschaftswachstum weder zu übermässigen sozialen Spannungen führt noch auf einer zunehmenden Umweltzerstörung basiert.[43]

Anhand von drei wichtigen Projekten soll im folgenden gezeigt werden, ob und wie die angesprochenen Strategien eine Umsetzung erfahren, und in welchen Bereichen es Probleme und Widerstände gibt. BioValley, EuroAirport und die Messen wurden nicht zuletzt auch deshalb ausgewählt, weil sie von den aus der Regio stammenden informierten Gesprächspartnern durchwegs genannt wurden.

---

[43] Die Rede von der »Nachhaltigkeit« als normativ zu verfolgendem Konzept darf nicht dazu führen, daß alle Welt davon spricht, ohne daß sich nachhaltig an der Situation letztlich etwas ändert.

BioValley am Oberrhein: ein funktionierendes Netzwerk vor Ort?[44]

Nicht zu unrecht kann das im Entstehen begriffene BioValley als *eine* der bewußten Antworten der Regio auf den Globalisierungsdruck gelten (Claassens 1998). Bei diesem Paradebeispiel grenzüberschreitender Kooperation ist die primäre Zielsetzung, einen Forschungs-, Anwendungs- und Vermarktungspool zu bilden, der die Region weltweit bekannt machen soll. Schon heute kann man auf eine durchmischte Industrie aus großen, mittleren und kleinen Unternehmen zurückgreifen. Außerdem profitiert man von der starken Verflechtung von Natur- und Ingenieurwissenschaften in allen Anwendungsbereichen der Biotechnologie (Landwirtschaft, Lebensmittel, Gesundheitswesen und Umwelttechnologie). Eine konkrete Umsetzung erfährt die BioValley-Idee im BioTechPark Freiburg, im Biopôle in Colmar und im Innovationszentrum in Allschwil. Finanziell konnte die BioValley-Initiative auf einer INTERREG-Anschubfinanzierung bis Ende 1999 in Höhe von 2.2 Mio. ECU aufbauen. Das BioValley ist aber nicht nur ein gewaltiges wirtschaftliches Projekt, sondern versucht auch die Mentalität der Menschen in der RegioTriRhena aktiv zu beeinflussen. Dementsprechend soll das Projekt zu einer offeneren Geisteshaltung beitragen, ja zu einem Wir-Gefühl im ganzen alemannischen Kulturraum verhelfen: es sei schließlich der „ideale Nährboden für eine offene Sozialkultur" (Leitbild der RegioTriRhena 1998:14).

Trotz aller verständlichen Euphorie sollen problematische Punkte nicht verschwiegen werden. So lassen sich m.E. drei zentrale Bedenken mit guten Gründen anmelden: *Erstens* müßte die Schlüsselindustrie der Regio, also die chemisch-pharmazeutischen Konzerne, in das Projekt einsteigen, was sie aber bislang nicht tun (Haefliger 1998). *Zweitens* darf es kein Lippenbekenntnis bleiben, ständig öffentlich zu betonen: „Diskurse mit der Bevölkerung und Veranstaltungen zum Thema Biotechnologie sollen die öffentliche Akzeptanz vergrössern". Es wird darauf ankommen auch die kritischen Stimmen wirklich zu vernehmen, denn so zu tun, als wären die Bio- und Gentechnologien zumindest ethisch völlig unproblema-

---

[44] Das ganze Projekt wird vom ,Regiobürger par excellence', Herrn Georg H. Endress unterstützt und tatkräftig vorangetrieben.

tisch, wäre realitätsfremd und grob fahrlässig. *Drittens* scheint noch überhaupt nicht geklärt, ob unter dem Strich tatsächlich mehr Arbeitsplätze für die Bevölkerung der RegioTriRhena entstehen, oder ob doch ein Nullsummenspiel als Ergebnis zustande kommt.

Der EuroAirport Basel Mulhouse Freiburg: Anschluß an die Welt um jeden Preis?

Der folgende Sachverhalt ist unbestreitbar: eine wirtschaftlich rege und dabei weltweit agierende Region benötigt die verkehrstechnische Anbindung an einen leistungsfähigen Flughafen. Der über einen trinationalen Einzugsbereich verfügende EuroAirport der RegioTriRhena wird aller Voraussicht nach bis zum Jahr 2005 den Passagierverkehr von derzeit ca. 2,5 Millionen auf ca. 4,5 Millionen pro Jahr steigern können.[45] Im Frachtverkehr ist man zum wichtigsten französischen Flughafen nach Paris und zum zweitwichtigsten Schweizer Flughafen avanciert. Besonders für den regionalen Arbeitsmarkt ist der EuroAirport von beachtlicher Bedeutung. So sind gegenwärtig 4800 Arbeitnehmer beschäftigt, und bis zum Jahr 2004 sollen es – internen Angaben zufolge – dann mindestens 6000 Arbeitsplätze geworden sein. Falls dem so wäre, könnte der Flughafen und die auf ihm Beschäftigten sicherlich zu den Globalisierungsgewinnern gezählt werden. Dennoch zeichnen sich, wie schon zuvor beim BioValley, mindestens zwei Probleme ab, die noch einer dringenden Lösung harren.

Problematisch gestaltet sich zum einen der offensichtlich notwendige, weitere Ausbau des Flughafens. Die Gesamtinvestitionen werden sich bei einer Dauer bis zum Jahre 2004 auf ca. 1,5 Milliarden FF belaufen. Die deutsche Beteiligung ist zwar gewollt, wurde aber bisher auf der Landesebene abgelehnt. Letztlich könnten aber nur Gelder, die bislang zumindest nicht in angemessener Weise fließen, eine konzertierte Zusammenarbeit voranbringen (Haefliger 1998). Finanzielle Unterstützung benötigt auch die Schienen-Anbindung

---

[45] Juristisch handelt es sich nicht um einen tri-, sondern um einen binationalen Flughafen, der auf einem zwischen Frankreich und der Schweiz geschlossenen Vertrag beruht (vgl. dazu Füeg 1995:19).

des Flughafens an den TGV (Frankreich) bzw. an den ICE (Deutschland). Zum anderen versucht der „EuroAirport die wirtschaftliche Entwicklung und den Umweltschutz zu vereinen" (Leitbild der RegioTriRhena 1998:20), so wurde in den letzten Jahren eine Umweltcharta ausgearbeitet, aber dennoch ist die andere Realität des Flughafens gerade für die unmittelbar ansässige Bevölkerung täglich spürbar. Sie lautet: Fluglärm und die Emission von Schadstoffen. Im Sinne einer ökologischen Nachhaltigkeit besteht hier in der Zukunft sicherlich noch sowohl Diskussions- als auch vor allem Handlungsbedarf.

Messen in der Regio – Messe Basel als Vorbild?

Die international zu den 10 größten Messeplätzen zählende *Messe Basel* prägt aufgrund ihres über die Region hinausreichenden Renommees quasi natürlich die regionale Messelandschaft. Weitere wichtige Messen in der Regio finden sich jedoch auch in Freiburg, mittlerweile auf dem neuen Areal der Neuen Messe Freiburg (Wohn- und Erlebnismessen, Tourismusmesse, Informatikmesse, etc.), im Parc Expo von Colmar (Weinmesse und Büchersalon) und schließlich auch im Parc Expo von Mulhouse (Warenmesse, Herbstmesse). Insgesamt lassen sich bei den über 200 Messen und Ausstellungen pro Jahr mehr als vier Millionen Besucher verzeichnen. Die Messe Basel führt jährlich etwa 20 Publikums- und Fachmessen durch, die in ihren Branchen praktisch ausnahmslos die national wichtigsten Veranstaltungen sind. Allen voran die Weltmesse für Uhren und Schmuck, die internationale Kunstmesse Art und die große Frühjahrsmesse ‚Muba', um nur einige zu nennen. Das neue Projekt heißt Messe Basel Plus, das bis ins Jahr 2002 realisiert werden soll und über 300 Millionen DM kosten wird (Büro für Publizistik 1997:29).

Als problematisch hat sich das Zusammenspiel zwischen der einen großen Messe und den Kleineren zumindest in zwei Punkten erwiesen. Erstens sollte die überaus erfolgreiche Messe Basel trinational erweitert werden, genauer zum Projekt ‚Neue Messe Basel'. In Flughafennähe hatte man bereits ein Areal gefunden, aber gescheitert ist dieses Projekt letztlich an mangelnder Mitfinanzierung von deutscher und französischer Seite (Haefliger 1998). Ganz im Sinne der angeführten *Strategie zur verstärkten Kooperation* wird der Versuch unternommen, die Attraktivität und die Messeangebote für die Aussteller und die Besucher zu steigern. Dazu haben die einzelnen Messegesellschaften im Jahr 1997 den ‚Verein der Messegesellschaften' der RegioTriRhena gegründet. Als Idee sicherlich richtig, erweist sich doch die Zusammenarbeit in konkreten Projekten als schwierig, weil natürlich mit der Messe Basel ein übermächtiger Partner partizipiert, der seine starke Position auch regional nicht aufgeben will.[46]

Die soeben beschriebenen, teilweise im Realisieren begriffenen Projekte gehören sicherlich zu einer angemessenen Antwort auf die Globalisierungsprozesse, doch neben der wirtschaftlichen Dimension wird auch zunehmend die politische Gestaltung und die finanzielle Unterstützung solcher und zukünftiger Projekte gerade in der grenzüberschreitenden Zusammenarbeit nicht weniger wichtig, sondern im Gegenteil wieder wichtiger als je zuvor. Um die dabei notwendigen politischen Rahmenbedingungen soll es im folgenden gehen.

3.4 EU- und Regionalpolitik: die Förderung der Regionen und die grenzüberschreitende Zusammenarbeit (INTERREG)

Bis vor kurzem war der Nationalstaat Garant einer mehr oder weniger erfolgreich funktionierenden nationalen Volkswirtschaft. Er sicherte die wirtschaftlichen Rahmenbedingungen, beginnend mit der Währungspolitik über die Infrastruktur- und Sozialpolitik bis hin zur Regionalpolitik und schuf damit auch die Voraussetzungen für eine an den Nationalstaat gebundene internationale Arbeitsteilung. Die ökonomische Integration ist demgemäß – zusätzlich beschleu-

---

[46] Diese Interessenkonflikte konnte der Verfasser dieser Arbeit als Praktikant und Mitorganisator der Treffen des Vereins ganz real und alltäglich miterleben.

nigt über die Einführung des EURO – bereits rasch vorangeschritten, wohingegen das politische System einen immer noch vergleichsweise hohen Grad an Fragmentierung aufweist. So existieren zwar regionale politische Einheiten bzw. „Regime", diese sind aber noch vereinzelt und wenig systematisch aufeinander abgestimmt (vgl. dazu Enquete 1998:81).

Insbesondere kann solch ein Befund für drei Nationen Geltung beanspruchen, von denen die eine als dezentralisierter Einheitsstaat organisiert ist (Frankreich), wohingegen Deutschland und die Schweiz Bundesstaaten sind. Die regionalen Gebietskörperschaften Deutschlands und der Schweiz (die Bundesländer bzw. die Kantone) verfügen über weitgehende eigene Regelungbefugnisse, während die französischen regionalen Gebietskörperschaften (die régions und die départements) das Primat der Zentralgewalt respektieren müssen und keine eigenständigen Gesetzgebungsbefugnisse besitzen. Und dennoch: trotz dieser unterschiedlichen nationalen Ausgangssituationen, die sich wohl nie ganz ausgleichen lassen werden, deutet sich heute auf der politischen Ebene eine doppelt gegenläufige Entwicklung an: nämlich eine Machtverschiebung zum einen supranational zu internationalen respektive europäischen Regimen, zum anderen abwärts zu regionalen und lokalen Handlungsebenen (Kujath 1998:24).[47] Dieser Entwicklung folgend wäre es prinzipiell sinnvoll, Kompetenzen streng nach dem Subsidaritätsprinzip auf regionale und kommunale Ebenen zu transferieren. Dieses Prinzip besagt, daß öffentliche Aufgaben nur dann von der nächsthöheren Ebene beansprucht werden können, wenn sich die tiefere Ebene nicht zweckmässiger darum kümmern kann.[48] Im Einklang damit steht, daß regionale Politik im Dreiländereck – will sie visionär sein – immer als grenzüberschrei-

---

[47] Der Nationalstaat wird dadurch aber wesentlicher Aufgaben mitnichten entbunden. So lautet das Ergebnis der RömerbergGespräche aus dem Jahre 1998: »Der Staat ist auch im Zeitalter der Globalisierung nicht am Ende, der Anspruch, die Bürgergesellschaft solle quasi als Ersatz für ihn einspringen, kann von dieser nicht eingelöst werden, und die soziale Demokratie gehört zur Substanz dessen, was heute gegen die »Zwänge der Ökonomie« zu verteidigen ist« (1999:10).

[48] Vgl. zum bemerkenswerten Bedeutungswandel des Begriffs Subsidiarität vom Konzept der katholischen Soziallehre in ein primär liberales Konzept den erhellenden Beitrag von Wolfgang Streek (1992:409f.).

tende Politik zu fassen ist. Dies verhält sich so, weil die Landschaft
der RegioTriRhena eine natürliche Einheit bildet, an deren staatlichen Grenzen z.B. die Umweltschäden des Nachbarn nicht halt-
machen und „deren Bürger im Zeichen von Europa die Auswahl
haben, im Elsaß zu wohnen, in Basel zu arbeiten oder in Freiburg zu
studieren und umgekehrt" (Böhme 1997:175).

Grundlegend für die grenzüberschreitende Arbeit und Politik in der
RegioTriRhena sind die Arbeiten von UEBERSCHLAG (1996) und
ZOLLER-SCHEPERS (1998). Zwei zentrale Ziele werden in dieser
französischen bzw. schweizerischen Arbeit formuliert und anvisiert.
Erstens einen Handlungsrahmen für die Grenzregionen zu schaffen,
der ihnen in der Beziehung zur Regierung und der EU in Brüssel
eine klare Struktur gibt und zweitens in der Zukunft vermehrt kleine
grenzübergreifende Integrationsräume ins Leben zu rufen. Gerade
auf dieser ‚Mikro-Ebene' kann es nicht sinnvoll sein, nationale Regierungen zu konsultieren, um Problemlösungen konkret und vor Ort
zu erarbeiten. Vielmehr müßten die Grenzregionen zum Verbin-
dungsglied zwischen den nationalen Systemen werden (vgl. dazu
Schenk 1996:3). Finanzielle Unterstützung für ein solches Ansinnen
erhalten die Regionen im Rahmen der EU-Förderinitiative INTER-
REG.

Diese im folgenden zu beschreibenden INTERREG-Programme sind
materiell, aber eben auch ideell ein Anreizmittel, um die grenzüberschreitende Zusammenarbeit zu fördern. Sie sollen primär die wirtschaftliche, letztlich aber auch die kulturelle Entwicklung von Rand-
regionen an den Binnen- und Außengrenzen und deren grenzüberschreitende Zusammenarbeit fördern. Folglich sind die Programme
ein zentraler Baustein einer progressiven Europapolitik. INTERREG
resultiert u.a. auch aus den Interventionen der „Arbeitsgemeinschaft
Europäischer Grenzregionen (AGEG), „wo man europaweit Infor-
mations- und Erfahrungsaustausch zur Bündelung gemeinsamer Interessen führt" (Leitbild der RegioTriRhena 1998:7; vgl. Arbeitsgemeinschaft europäischer Grenzregionen 1996). Die Gesamtregion
Oberrhein-Mitte-Süd hat von 1994 bis 1999 24,5 Millionen ECU im
Rahmen von INTERREG II erhalten. Die Programmlinien zur Förderung lauten: Strukturen und Dienstleistungen grenzüberschreitender Zusammenarbeit; Raumordnung und Umwelt; Wirtschaft,

Berufsbildung und Verkehr; Forschung, Lehre und Telekommunikation; Gesundheit und Soziales; Kultur und Bildung. Aus diesen Bereichen sind 62 Projekte genehmigt, der Rest von 3,5 Millionen ECU wird bis zum Jahr 2000 verplant. Danach startet INTERREG III. Separate Zuschüsse von Brüssel gibt es u.a. zusätzlich für die Fachhochschulen und das Management-CENTRE in Colmar. Zwei Charakteristika bezüglich der INTERREG-Programme scheinen m.E. hier gesondert besonders erwähnenswert zu sein:

Hinsichtlich der Zusammenarbeit mit der Schweiz als Nicht-EU-Mitglied läßt sich positiv vermerken, daß es zur genuinen INTER-REG-Philosophie gehört, gegen die oft nicht zu unrecht als ‚Festung Europa'[49] getadelte Union, eine regionale Kooperation auch mit nicht EU-Partnern möglich gemacht zu haben.

Zur ‚Förderphilosophie': die Initiative folgt nicht den altbekannten Subventionskriterien, sondern Gelder fließen nur dann, wenn die jeweilige finanziell zu unterstützende Region mindestens das Selbe an Aufwendungen beisteuert. Damit werde zum einen die Korruptionsmöglichkeit unterbunden und zum anderen eine höhere Transparenz erreicht (Haefliger 1998). Dabei ist ein wesentliches Markenzeichen der neuen Strukturpolitik das Konzept der Partnerschaft, d.h. es wird auch in Zukunft ein Höchstmaß an Initiative vorausgesetzt. Eine damit intendierte Beteiligung der Verantwortlichen vor Ort hat sich bereits in der Vergangenheit als Schlüssel zum Erfolg erwiesen. Dem geforderten Anspruch eines „Europas der Bürger" könne so praktische Geltung verschafft werden.[50]

Einige Probleme und Kritikpunkte der grenzüberschreitenden Kooperation und der INTERREG-Programme sollen trotz aller Erfolgsmeldungen nicht unerwähnt bleiben. Es handelt sich dabei gerafft um die folgenden, meines Erachtens zentralen Punkte:

---

[49] Vgl. dazu die wichtige Arbeit von Beat Leuthardt mit dem gleichnamigen Titel *Festung Europa* (1994).

[50] So die EU-Kommissarin Monika Wulf-Mathies in: Badische Zeitung, 21.09.98.

- *Effizienz- und Transparenzproblematik*: Die Programme bzw. deren Angebite seien viel zu starr und unflexibel, so lautet beispielsweise eine gängige Kritik. Diesen Vorwurf hat man in Brüssel wohl schon bei anderen Anlässen vernommen.[51] Weitaus problematischer ist es dann schon, wenn ein Gremium wie die Oberrheinkonferenz sich ein eigenes Sekretariat über INTERREG finanziert!

- *Finanzierung von INTERREG III*: die Kofinanzierung durch die einzelnen Akteure ist nicht unbedingt gesichert. Dabei ist das größte Problem, daß die Kommunen kein Geld haben (Rosenkranz 1998:1).

- Das *Management* solcher Programme sollte an professionelle Unternehmensberater vergeben werden und nicht unbedingt an Beamte. Allerdings bedürfen auch solche „Maßnahmen" einer sorgfältigen Prüfung, um Interessenskonflikte möglichst einzudämmen.

- *Image- und Prestigepflege*: für viele Politiker hat die grenzüberschreitende Zusammenarbeit noch keinen so hohen Stellenwert. Vielleicht könnte man es auch so sagen: Der Wille zu grenzüberschreitenden Projekten wird sich wohl erst dann als echt (oder eben als aufgesetzt) erweisen, wenn diese nach Auslaufen ihrer INTERREG-Anschubfinanzierung überhaupt weiterleben.

- Eine *direkte Zusammenarbeit* mit alten und vor allem neuen Partnern müßte verstärkt angestrebt werden. Nur wenn die grenzüberschreitende Zusammenarbeit zur selbstverständlichen, alltäglichen Kooperation geworden ist, ließe sich eventuell schlußendlich folgende, bis dato utopisch anmutende Situation (annähernd) erreichen:

„Ziel ist es schließlich, die grenzüberschreitende Zusammenarbeit überflüssig zu machen" (Hering 1998).

---

[51] Der aufgedeckte Fall von Korruption innerhalb der EU-Kommission ist wahrscheinlich nur die berühmte Spitze des Eisberges.

4. Reaktionen auf der Institutionen- und auf der Unternehmensebene: Akteure in der Regio

4.1 Oberrheinkonferenz, Oberrheinrat und Rat der RegioTri-Rhena – Akteure mit Tiefenwirkung?

Das im vorigen Kapitel anvisierte Ziel, nämlich die grenzüberschreitende Zusammenarbeit schlußendlich überflüssig zu machen, kann nicht darüber hinwegtäuschen, daß noch Jahrzehnte unterstützende Arbeit in diesem Bereich geleistet werden muß. Diese Arbeit wird im Rahmen der regionalen Politik, die ja immer auch grenzüberschreitende Politik sein will bzw. sein sollte, von zentralen Akteuren – wirtschaftlicher und/oder politischer Provenienz – initiiert, vorangebracht und manchmal auch, bei herrschenden Interessenkonflikten, blockiert. Nachfolgend sollen daher diese Akteure in ihrer Tätigkeit beschrieben und in ihrer Wirkung kritisch beleuchtet werden. Im Zentrum des Interesses steht allerdings ebenso die jeweilige Reaktion der Institutionen bzw. der Unternehmen auf die Herausforderungen der Globalisierung und der Regionalisierung, begriffen als ambivalente Prozesse in der RegioTriRhena. Dabei ist zu betonen, daß *Reaktion* verstanden werden soll als eine Art ‚Mitgehen', das sich über Aktionen und institutionelle Verankerungen den fraglos veränderten Wirtschafts- und Politikbedingungen stellen will. In diesem Sinne sind – allgemein betrachtet – die Oberrheinkonferenz, der Oberrheinrat und der Rat der RegioTriRhena – mit ihren jeweiligen Tätigkeiten – genuin als Antwort bzw. Reaktion auf die veränderten Bedingungen einer globalen Wirtschaft und neuer Regionalisierungstendenzen zu verstehen (Haefliger 1998; Hager 1998). Deshalb sind sie für die vorliegende Arbeit von Interesse und verdienen eine eingehendere Betrachtung.

Auf regionaler Ebene ist vor allem die Oberrheinkonferenz (ORK) ein Gremium zur Abstimmung in grenzüberschreitenden Fragen. Unter dem nationalstaatlichen Dach der deutsch-französisch-schweizerischen Regierungskommission finden sich seit dem Jahr 1975 die regionalstaatlichen Partner zweimal jährlich zur deutsch-französisch-schweizerischen Oberrheinkonferenz zusammen, um die erzielten Ergebnisse ihrer zwischenzeitlich tätigen, ständigen

Arbeitsgruppen zu beraten, Empfehlungen zu vereinbaren und Projekte zu lancieren (Regio Basiliensis 1997:7). Die ORK ist zwar nicht für die Ausarbeitung von Verträgen geeignet, aber dennoch geschieht dort ein Großteil der politischen Willensbildung. Die konkrete Arbeit findet in neun ständigen, trinational zusammengesetzten Arbeitsgruppen und deren mittlerweile 25 Expertenausschüssen, z.B. zur ‚Raumordnung', zur ‚Umwelt', zur ‚regionalen Wirtschaftspolitik' etc. statt.

Neben der Oberrheinkonferenz sind die in der Regel alle zwei Jahre stattfindenden Dreiländer-Kongresse ein weiterer Garant für die institutionelle und länderübergreifende Zusammenarbeit. Mittels der Behandlung eines Generalthemas, so etwa ‚Handwerk und Gewerbe' (1997) und dem für 1999 geplanten Raumordnungskongreß, sollen wichtige Impulse für den Kooperationsalltag vermittelt werden. Seit der Unterzeichnung des Karlsruher Abkommens am 23. Januar 1996 zwischen Frankreich, Deutschland, der Schweiz und Luxembourg gibt es kein juristisches Hindernis mehr hinsichtlich der Entwicklung der Zusammenarbeit. Grenznahe Gemeinden, Kantone, Départements, aber auch Gemeindeverbände etc. sollen über die Staatsgrenze hinweg selbständig Verträge miteinander abschließen können, ohne – und das ist der zentrale Punkt – daß es dazu eines Staatsvertrags zwischen den nationalen Hauptstädten bedarf. Die verschiedenen Initiativen werden vom INTERREG-Programm der EU finanziell unterstützt.

Erst vor kurzem, genauer im April des Jahres 1998, ist der Oberrheinrat, dem kommunale Mandatsträger aus den drei Regionen angehören, gebildet worden. Es handelt sich bei diesem Oberrheinrat weder um eine administrative noch um eine exekutive Struktur, sondern vielmehr um ein Plenum von politischen Vertretern, die zu Themen von allgemeinem Interesse Stellung beziehen sollen, um sich in den nationalen Hauptstädten und in Brüssel dafür einzusetzen. So gehört es zu den Kompetenzen, Empfehlungen an die Oberrheinkonferenz und jedes andere grenzüberschreitende Gremium zu formulieren. Fluchtpunkt könnte in Zukunft ein Oberrheinparlament sein (Rosenkranz 1998). Als man gemerkt hatte, daß der Oberrheinkonferenz und neuerdings auch dem Oberrheinrat, wahrscheinlich nicht untypisch für staatliche Verwaltungsorgane, ein wenig die Bodenhaftung fehlten, hat man sich eine neue Institution für die Koordination lokaler Projekte einfallen lassen.

Nicht zuletzt deshalb wurde im Jahre 1995 der Rat der RegioTriRhena, früher Regiorat, als gemeinsames, beratendes Gremium für die RegioTriRhena gegründet. Dies geschah auf Initiative der drei Regio-Vereine *Regio du Haut-Rhin'*, der *Freiburger Regio-Gesellschaft'* und der *Regio Basiliensis'*. Entscheidungskompetenz hat der Rat der RegioTriRhena zwar nicht, dennoch wird er als das zentrale Gremium für das spezielle Gebiet des Dreiländerecks angesehen (Böhme in: Rosenkranz 1997a:3). Träger sind neben den Städten die kommunalen Gebietskörperschaften sowie die Vertreter der Wirtschaft und der Hochschulen. Zielsetzung des privatrechtlich organisierten Rates der RegioTriRhena ist es, die vorhandenen trinationalen Strukturen der RegioTriRhena in den grenzüberschreitend wichtigen Bereichen zu vernetzen und die gemeinsamen Interessen zu bündeln. Die aktuelle Entwicklung und Verbreitung eines Leitbildes für die Regio (im Juli 1998) soll dazu beitragen, die vielfältigen Strukturen dieses Kulturraumes einem breiten Publikum bekannt bzw. transparent zu machen. Wie es in solchen Publikationen üblich ist, werden natürlich die positiven Entwicklungen etwas in den Vordergrund gestellt und die eher problematischen Punkte ein wenig unterbewertet. Deshalb soll an dieser Stelle eine darin fehlende kritische Würdigung der angeführten Institutionen erfolgen.

Ein genereller Handlungsbedarf und damit einhergehend Bedarf an Verbesserung besteht sicherlich in der Bündelung und einer stärkeren Effizienzorientierung der soeben beschriebenen Gremien. So hat man zwar versucht mit dem *Karlsruher Abkommen* die Durchsetzung handhabbarer Rahmenbedingungen zu ermöglichen, aber konkrete Erfolge lassen weiter auf sich warten (Claassens 1998). Auch in diesem Falle gilt: die Schaffung eines Vertrages oder die Einrichtung einer Institution garantiert nicht geradewegs eine Beseitigung der angesprochenen Hindernisse! In Zeiten der Globalisierung versucht man als Antwortstrategie über diese Institutionen die Rolle der Selbstbehauptung nach dem bekannten Motto *gemeinsam sind wir stärker'* zu wahren. Entscheidend ist jedoch noch etwas anderes: neben den offiziellen Kontakten spielt der informelle Bereich eine ganz wichtige Rolle. HAEFLIGER hat dies so ausgedrückt: „Die Akteure müssen günstig zueinander stehen" (1998). Von Vorteil ist gerade für die RegioTriRhena in dieser Hinsicht, daß sich die grenzüberschreitenden Akteure aus der Regionalwirtschaft und auch aus der Regionalpolitik mittlerweile so gut kennen, daß sich zumindest auf dieser Ebene – auch aus eigener Beobachtung – auf alle Fälle so etwas wie ein Regio-Bewußtsein, im Sinne eines Interesses an gemeinsamen Verbesserungen, vorfinden läßt (vgl. dazu Kap. 5.1).

Abschließend ist einem kritischen Punkt, der gerne vernachlässigt wird, weil er sozusagen ‚diskursintern' abläuft, einige Aufmerksamkeit zu schenken. Bei aller Kooperation gibt es auch regionalen Wettbewerb und Machtkämpfe, und dies eben nicht nur im wirtschaftlichen Bereich. Wenn man auf deutscher Seite beispielsweise in kulturellen Angelegenheiten zurückbleibt (Konzert- und Theaterhäuser, Organisation von Festivals u.ä.), dann besteht ganz real die Gefahr, daß man nicht mit anderen Städten aus der Regio mithalten kann (vgl. dazu Böhme 1997:177). Interessanterweise sind in den politischen Gremien – natürlich völlig zurecht – zunehmend Repräsentanten der Wirtschaftswelt vertreten. Sie sind dann auch die ‚Macher', die Pragmatiker, die – oftmals ungeduldig – ihre nicht geringen Einflußmöglichkeiten nutzen wollen, um die RegioTriRhena in eine bestimmte, für sie vorteilhafte Richtung zu lenken. Dagegen ist deshalb prinzipiell nichts einzuwenden, weil Lobbyismus und Interessendurchsetzung immer schon eine bestimmte Rolle gespielt haben, und es wäre deshalb moralisch-politische Naivität diese Möglichkeiten nicht in Rechnung zu stellen bzw. pauschal als moralisch verwerflich zu verurteilen. Solche Bestrebungen werden jedoch spätestens dann problematisch, wenn unternehmerische Zielsetzungen (Gewinnmaximierung, Entwicklung neuerer Technologien) nicht mehr mit den moralisch-politischen Richtlinien (Recht auf Arbeitsplätze, eine umweltverträgliche Wirtschaftsweise etc.) der gesamten Bevölkerung einer Gemeinde, einer Region, eines Nationalstaates usw. im Einklang stehen oder diesen sogar in eklatanter Weise widersprechen.[52]

---

[52] Hans Ruh hat nicht zuletzt deshalb für eine ethisch-politisch-ökologische Verschiebung zukünftiger Szenarien in der Regio plädiert, Vortrag am 13.11.97, Basel.

4.2   Transnationale Konzerne: Die Sicht von Welt-Akteuren
(Roche und Novartis)

Bei aller kontroversen Diskussion um die Reichweite und Dimensionierung der Globalisierungsprozesse ist doch zunehmend unumstritten, daß zwei neuartige Akteure machtvoll auf der Weltbühne erschienen sind: Es handelt sich dabei erstens um die bereits kurz beschriebenen globalen Finanzmärkte (s.Kap. 2.1) und zweitens um die sogenannten Transnationalen Konzerne (TNC's), die als global players weltweit agieren und Akzente setzen. Zum gegenwärtigen Zeitpunkt gibt es etwa 40.000 solcher TNC's, die ihrerseits wiederum über insgesamt ca. 250.000 ausländische Filialen verfügen (Enquete 1998:52). Diese innerhalb der Triadenblöcke beträchtliche Anzahl von transnationalen Akteuren zeichnen sich vor allem dadurch aus, daß sie die ökonomischen, politischen wie auch sozialen Strukturen ‚ihrer' supranationalen Blöcke vielfach als Ressource zur Steigerung ihrer Konkurrenzposition im globalen Wettbewerb nutzen können.

Daß Unternehmen – gerade wenn sie einige Tausend oder gar Zehntausend Beschäftigte haben – eine Schlüsselrolle in der Gestaltung der Wirtschaft einnehmen, ist evident, und sei es auch nur dadurch, daß sie der Gesellschaft die materiellen Ressourcen (Kapital, Steuern, Arbeitsplätze) entweder bereitstellen oder dementsprechend entziehen können (Beck 1997:14). Zusätzlich besitzen Unternehmen gegenüber anderen politischen und ökonomischen Akteuren einen weiteren wichtigen Vorteil: Letztlich sind es ihre Kalküle, die über Umfang und Struktur gesellschaftlicher Reichtumsproduktion, über Arbeitsplätze und Steuerströme entscheiden – und sie sind auch die Akteure, die frühzeitig und am konsequentesten ihre Operationen und Organisationsstrukturen auf die Globalisierung der ökonomischen Sphäre ausrichten konnten und dies auch oftmals getan haben (Enquete 1998:55).

Anhand zweier Beispiele soll nun die dezidierte Sicht von solchen Welt-Akteuren dargestellt und problematisiert werden. Als Grundlage dient zunächst ein Vortrag von Hans KINDLER (Konzernleitung NOVARTIS), der explizit ‚*Die Sicht von Akteuren*' zum Thema hatte.[53] KINDLER zufolge müsse man den neugegründeten Konzern NOVARTIS als strategische Antwort auf die veränderte globale Wirtschaft verstehen. So habe man den Bedingungen der Globalisierung mit einer Aktion der Konsolidierung erfolgreich Widerstand leisten können. Als unschöner Nebeneffekt sei natürlich ein Stellenabbau von 10.000–20.000 Stellen unumgänglich gewesen (Tenor: „Aber es macht den Personalmanagern ja auch keinen Spaß ihre Leute zu entlassen"). Man sieht dennoch sehr schnell: in diesem Bereich gibt es tatsächlich eine Art ‚*Schadensabwicklung*' (Habermas), hauptsächlich auf Kosten der Arbeitnehmer. An dem aktuellen Beispiel der Bankenfusion in der Schweiz kann bzw. muß man sich gleichfalls die Frage stellen, wer denn konkret von der auffälligen Parteilichkeit der angeführten ‚Sachzwänge' profitiert, und wer lediglich an deren Kosten partizipiert. Eine Erklärung drängt sich hier auf: möglicherweise werden die angeblichen oder tatsächlichen Sachzwänge des globalen Wettbewerbs lediglich strategisch benutzt, um jede nur erdenkliche ‚harte' Maßnahme vor der zunehmend besorgten Öffentlichkeit legitimieren zu können.[54] Gerechtfertigt wird das ganze Vorgehen damit, daß es den transnationalen Unternehmen – NOVARTIS ist ein solches – letztlich nur darum gehen könne, die Wettbewerbsfähigkeit zu steigern, denn die Spielregeln gebe doch der ‚globale Wettbewerb' vor und nicht etwa politische oder gar moralische Maximen. Es hat in diesem Zusammenhang eigentlich nichts Ironisches mehr, eher etwas Zynisch-Strategisches, wenn KINDLER, der seinen Macciavelli verinnerlicht zu haben scheint, seinerseits bekräftigt, daß das Primat eigentlich der Politik – und damit nicht der Wirtschaft – gehören müsse!?

Die sich herauskristallisierende Krux ist doch folgendermaßen zu beschreiben: wenn sich der eine Unternehmer an ethisch-politische Vereinbarungen hält und damit einem oftmals persönlichen Impetus nachgibt, kann unter Umständen der andere Mitwettbewerber diese Situation ausnützen, indem er sich eben gerade nicht den ethischen

---

[53] Gehalten auf dem 6. Drei-Länder-Kongreß in Basel im Rahmen des BAK-Fensters am 13.11.97.

[54] Vgl. dazu aktuell den Artikel von Peter Ulrich und Ulrich Thielemann in der Basler Zeitung vom 3. Februar 1998.

Maximen unterwirft, sondern den Spielregeln des Marktes bedingungslos folgt. Mit dem Ziel, beispielsweise mittels Entlassungen und Firmenschließungen die eigene Position auf dem globalen Markt zu stärken. Personalkosten sind Kosten, die auch trotz gewerkschaftlich organisierter Gegenwehr oft radikalen Streichungen unterworfen werden. Der Bedarf einer politischen bzw. einer rechtlichen Regelung liegt zwar auf der Hand, ist aber aufgrund eingespielter Machtkonstellationen einfacher zu beschreiben als konkret zu erreichen.

Der Konzern ROCHE wurde 1896 in Basel, Schweiz, gegründet und ist mit derzeit ca. 70.000 Beschäftigten in über 100 Ländern vertreten. Es handelt sich demnach hier um ein wirklich transnationales Unternehmen. Im Geschäftsjahr 1997 konnte der Konzerngewinn um 10% auf 4,3 Milliarden Schweizer Franken erhöht werden. Die außerordentliche Bedeutung des Exports läßt sich daran bemessen, daß im Jahr 1997 für eine Summe von über 5 Milliarden (!) Schweizer Franken Produkte exportiert wurden. Die Übernahme der Corange-Gruppe war im letzten Jahr von entscheidender Bedeutung und ein weiterer wichtiger Schritt bei der Umsetzung der langjährigen, bewährten Strategie, in allen von ROCHE bearbeiteten Märkten zu den stärksten Anbietern gehören zu wollen.[55] ROCHE zählt heute zu den führenden und dabei stark forschungsorientierten Unternehmen, die weltweit im Gesundheitsbereich tätig sind. Neben der Pharma bewegt man sich – außerordentlich erfolgreich – hauptsächlich in den Bereichen Diagnostika, Vitamine und Feinchemikalien, Riechstoffe und Aromen. Mit einer konsequenten Ausrichtung der angestrengten Aktivitäten auf Innovation und Effizienz hat man laufend die Voraussetzungen verbessert, neuartige Arzneimittel zu entwickeln und in wichtigen Indikationsgebieten eine führende Position zu erreichen.[56] Speziell in der RegioTriRhena ist ROCHE schon seit

---

[55] Diese Information und die Zahlen entstammen dem Geschäftsbericht 1997, hg. von F. Hoffmann-LaRoche AG, Basel.

[56] Ethisch ist es allerdings höchst problematisch, wenn führende Positionen am Markt damit erreicht werden sollen, indem man über Preisabsprachen mit unmittelbaren Konkurrenten den freien Wettbewerb behindert. Die erfolgte Bestrafung der EU-Wettbewerbsbehörde gehört zu einem notwen-

100 Jahren etabliert und erreicht eine Beschäftigtenzahl von ca. 10.000 (8.000 in der Schweiz). In bezug auf die Standortwahl profitiert man sicherlich von den günstigen Rahmenbedingungen hinsichtlich des Steuerwesens, einer breiten, trinationalen Ausbildung und einer guten, wenn auch verbesserungsfähigen Zusammenarbeit von Wissenschaft und Wirtschaft. Trotzdem versteht sich ROCHE nicht als regional tätiger Konzern, sondern vielmehr als Weltunternehmen, bei dem – zumal im globalen Wettbewerb – der Regiogedanke eine marginale Rolle spielt (Heer 1998). Insofern steht ROCHE ein wenig für das vielfach bemerkte nachlassende Standortbewußtsein der unternehmerischen ‚global players' und die daraus befürchtete Aufkündigung des sozialen Konsenses.

Auf die neuen Herausforderungen der Globalisierung, vor allem im Sinne einer zunehmenden Internationalisierung der Märkte, hat man bei ROCHE vor allem durch Fusionen und durch Expansionsbemühungen auf den ausländischen Märkten reagiert. Oberflächlich betrachtet hat man zwar eine Stagnation bei den hiesigen Beschäftigtenzahlen hinnehmen müssen, aber letztendlich habe man – eigenen Angaben zufolge – doch mehr Leistungen für die Regio erbracht, und zwar deshalb, weil mit 250 Unternehmen aus dem umliegenden Gebiet mehr oder weniger stark zusammengearbeitet werde (Heer 1998), was wiederum zumindest indirekt zu deren Überleben am Markt beitrage. In diesem Kontext wird immer wieder darauf hingewiesen, daß es Strukturveränderungen und Anpassungsprozesse als Folge der Globalisierung gibt, die kurzfristig durchaus einschneidende Maßnahmen für Einzelne mit sich bringen könnten, aber langfristig rechnet man gerade auch bei ROCHE mit einem volkswirtschaftlichen Gewinn, der sich sowohl für die Chefetagen als auch die Arbeitnehmer gleichermaßen auszahlen würde. Den Beweis eines solchen „gesamtgesellschaftlichen Gewinns" bzw. einer Umverteilung ist man allerdings bislang schuldig geblieben. Die Strategien der beiden gewählten transnationalen Unternehmen NOVARTIS und ROCHE sehen wie folgt aus:

---

digen Sanktionsmechanismus, der auch in Zukunft noch in ähnlichen Fällen benötigt werden wird.

- Die Ausweitung der Aktivitäten in bewährten Bereichen (sog. core-business) soll weiter intensiviert werden.

- Das kontinuierliche Verfolgen einer globalen Forschungs- und Entwicklungsstrategie. So versucht man verstärkt in den wichtigsten Zentren der Welt präsent zu sein bzw. zu bleiben.

- Bei den neuen Technologien möchte man absolut führend an der Weltspitze dabei sein. Dies wiederum rechtfertigt für die Konzerne den hohen Anteil der Investitionen im Forschungsbereich.

- Durch Firmenzusammenschlüsse (Fusionen) möchte man am Markt weiter wachsen und ebenso das Portfolio ständig erweitern.

4.3 Endress+Hauser: Paradebeispiel eines grenzüberschreitenden Unternehmens

Die in dem Gebiet der RegioTriRhena trinational angesiedelte Firmengruppe Endress+Hauser zählt weltweit zu den größten Anbietern von Sensoren, Meßgeräten und Systemkomponenten für die industrielle Verfahrenstechnik sowie für hochwertige Leiterplatten. Im Jahr 1997 betrug der konsolidierte Umsatz der von einer Holding in Reinach (Schweiz) gesteuerten Gruppe ca. 970 Mio. Schweizer Franken.[57] Weltweit finden hier insgesamt knapp 5.500 Mitarbeiter eine Beschäftigung. Zum Jahresende 1997 waren 2.841 Menschen in der Regio rund um Basel beschäftigt. Das sind absolut betrachtet 34 mehr als noch ein Jahr zuvor. „Damit hat sich fortgesetzt, daß die Investitionen in überseeische Märkte auch in der Regio Arbeitsplätze sichern und neue schaffen".[58]

Endress+Hauser umfaßt heute 16 Produktionsgesellschaften in 9 Ländern, eigene Vertriebs- und Servicegesellschaften in 33 Ländern

---

[57] Die genauen Zahlen liefert der Jahresbericht 1997, in: Endress+Hauser Holding AG (Hg.) (1998:GB1f.)

[58] Diese Information sowie die vorangegangenen Zahlen wurden teilweise der Home-Page von Endress+ Hauser entnommen.

sowie 27 Verwaltungsgesellschaften, dabei mit einem deutlichen Schwerpunkt in der deutsch-schweizerisch-französischen Region. Hierbei profitiert man – dabei schon ein wenig den jeweiligen nationalen Klischees entsprechend – von den verschiedenen nationalen Komponenten: von der deutschen Seite werde vor allem die Qualitätssicherung eingebracht, die französischen Partner stehen eher für die künstlerische Komponente und die Schweizer liefern das, was von ihnen wohl weltweit am meisten erwartet wird: Präzisionsarbeit (Endress 1998). Nach eigener Einschätzung handelt es sich bei der Firmengruppe um einen Zusammenschluß von mehreren großen mittelständischen Unternehmen, die zwar praktisch weltweit tätig, also durchaus einen global player bilden, aber nicht im Sinne der oben beschriebenen Chemie/Pharma-Riesen NOVARTIS und ROCHE (Brehm 1998). Von den Leitern der Firma Endress+Hauser wird betont, daß die ‚Homebase' der Firmengruppe bewußt in der RegioTriRhena gelegt wurde. In der Region sollen demzufolge auch weiterhin die Basisentwicklungen vieler Produkte stattfinden, und gleichzeitig möchte man nicht eine Produktion in Billiglohnländern machen. Hier zeigt sich also durchaus ein Aspekt der gesellschaftlichen Verantwortung, deren man sich bei Endress+Hauser bewußt zu sein scheint. Aktives Lobbying wird allerdings über den Rat der RegioTriRhena betrieben. Bis vor kurzem (Mai 1999) war Herr Georg H. ENDRESS Präsident der Freiburger Regio-Gesellschaft. Welche Konsequenzen und Veränderungen hat nun die Globalisierungswelle für das Unternehmen bislang gezeitigt?

Zuerst ist es wichtig zu betonen, daß man bei Endress+Hauser die Globalisierung ernst nimmt, denn deren Faktizität sei doch unbestreitbar. Ja, man habe „sogar selbst viel für die Globalisierung getan", nämlich in zweierlei Hinsicht: Investitionen in Asien und China, und dies trotz anstehender Finanzkrisen, wurden getätigt (1) und Neugründungen in Polen, Brasilien und Mexiko forciert (2) (Endress 1998). Außerdem führen – Urs ENDRESS zufolge – die neuen Kommunikationsmöglichkeiten, ein Europa ohne Grenzen und die anstehende Einführung des EURO dazu, daß die Preisunterschiede zwischen verschiedenen Anbietern sehr viel kleiner werden (Endress 1998). Als direkte Folge der Globalisierungsprozesse werden bei Endress+Hauser länderspezifische Abteilungen in transnationale umgewandelt. Außerdem findet eine Transformation von Arbeitsplätzen statt: so habe man Lagerstätten und sogenannte ‚callcenters' an einem Ort, von dem aus die Kompetenzen verteilt werden, vereinigt. Bei allen guten Gründen, aus denen man bei Endress+Hauser zum Standort Mitteleuropa steht, sieht man doch auch Schwierigkeiten und Probleme in bezug auf die RegioTriRhena. Als zentral werden die unterschiedlichen Interessen in dem Spannungsfeld von Wirtschaft und Politik gesehen. Daraus erwächst vor allem eine machtvolle Ungleichzeitigkeit: Firmen, die sich einem internationalen Wettbewerb ausgeliefert sehen, müssen langfristig planen und agieren, wohingegen Politiker vor Ort tätig sind und vor allem wiedergewählt werden wollen. So würden Firmen von Seiten der Politik mit Steuervorteilen dazu gebracht, den Standort zu wechseln. Viel wichtiger wäre es aber, gemeinsame Konzepte auszuarbeiten, um die jeweiligen Standortvorteile produktiv ausnützen zu können (Endress 1998) (vgl. Kap.3.3).

Die unternehmerischen Strategien, auch zu verstehen als Antwort auf die Herausforderungen der Globalisierung/Regionalisierung, lassen sich wie folgt fassen (vgl. dazu Endress+Hauser Holding AG 1997:58f.):

- Es soll verstärkt – wie schon Jahre zuvor – parallel in die Märkte und in die Produkte investiert werden. In den letzten zwei Jahren sind über Akquisitionen neue Märkte, vor allem außerhalb Europas, dazugewonnen worden. Gleichzeitig soll durch die Gründung neuer Niederlassungen in Südkorea, in Argentinien und in Brasilien die Marktpräsenz weiter ausgebaut werden.

- Die Organisation soll verbessert respektive dezentralisiert werden. So wird es in Zukunft keine große Zentrale mehr geben, sondern nur eine europäische Koordinationsstelle.

- Angestrebt wird eine hohe Innovationsrate für erzeugte Produkte und Dienstleistungen.

- Neue Technologien müssen noch stärker als bisher integriert werden.

- Investitionen in die Regio: in Reinach (Schweiz), in Cernay (Frankreich) und in Pulversheim (Frankreich).

- Projekt *‚Fit for Europe'*, in dem sich 70 Mitarbeiter aus allen europäischen Ländern mit verschiedenen Aufgaben beschäftigen (Preisbildung, Produktpalette, etc.).

5. Reaktionen auf der individuellen Ebene: Wirtschaftsbürgerethik vor Ort

5.1 Liberale Gesellschaft und republikanische Bürgertugend

Nachdem das Aktionsfeld einiger regionaler Akteure, die auf der Institutionen- bzw. Unternehmensebene anzusiedeln sind, umrissen wurde, gilt es nun abschließend, sich dem vielschichtigen Problem einer Wirtschaftsbürgerethik und dem damit verbundenen Diskurs der Bürgergesellschaft bzw. dem bürgerschaftlichen Engagement vor Ort zu widmen.[59] *Eine solche Wirtschaftsbürgerethik ist m.E. als notwendiges Komplementärstück zu den ordnungspolitischen Rahmenbedingungen auf europäischer, nationaler und regionaler Ebene zu begreifen.* Es gilt demnach – materialistisch gedacht – über das dialektische Verhältnis zwischen der Institutionenethik der Marktwirtschaft und der Individualethik, die jeden Bürger betrifft, nachzudenken.[60]

Es gehört mittlerweile zum common sense in den Sozialwissenschaften, den Medien und auch der Politik, daß man in pluralistischen, anonymisierten Großgesellschaften mit einer individualistischen Lebensführung nicht automatisch mit einem starken Gemeinsinn und einer ausgeprägten Solidaritätsbereitschaft der Menschen, wie sie zuvor in eher traditionellen face-to-face Lebensgemeinschaften vorzufinden waren, rechnen kann. Wenn sich die Lebensstile pluralisieren und die soziale Ungleichheit nicht kleiner, sondern – im Gegenteil – größer wird, dann erscheint auch das Beschwören eines abstrakten Gemeinsinns und ein Einklagen solidarischer Bündnisse, wenn nicht utopisch, so doch zumindest hinsichtlich neu entstehender Nationalismen und (religiöser) Fundamentalismen in ihrer

---

[59] Einen aktuellen Überblick liefert der Sammelband von Eichel/Hoffmann (Hg.): *Ende des Staates – Anfang der Bürgergesellschaft* (1999). Der aus den USA nach Deutschland importierte *Kommunitarismus* zielt gleichfalls auf eine stärkere Partizipation am gesellschaftspolitischen Leben.

[60] Als grundlegend in diesem Bereich wird neuerdings die Arbeit von Ulrich (1997): *Integrative Wirtschaftsethik*, betrachtet. Vgl. dazu Kettner (1997:904).

negativen Ausprägung allemal bedenklich.[61] Trotzdem wird eine Transformation von der traditionell staatsverwalteten Gesellschaft zu einer Bürgergesellschaft m.E. zumindest in einem bestimmten Grade notwendig und findet auch zunehmend konsensuelle Unterstützung in der Bevölkerung (Böhme 1997:141). Personale Tugendansprüche und Gemeinschaftszugehörigkeit sind dabei unabdingbar, soweit eine Gesellschaft auf verantwortungsfähige und mündige Bürger angewiesen ist. Dabei geht es darum, dem einzelnen wieder mehr zuzutrauen und gleichzeitig auch mehr abzuverlangen.[62]

Auf der einen Seite neigen der klassische Republikanismus aber auch Teile der kommunitaristischen Bewegung zu einer – historisch durchaus begründbaren – romantisierenden *Tugendüberforderung des Bürgers* (Ulrich 1997:294). Auf der anderen Seite liefern der ökonomische Liberalismus bzw. der Neoliberalismus das Bild einer (uneinlösbaren) rein interessenbasierten Gesellschaftsintegration. Die Legitimation der Politik wird als entbehrlich bzw. hemmend verworfen, und dem Sozialzusammenhang könne zudem angeblich keine konstitutive Rolle für die personale Identitätsbildung zukommen. Eine mögliche Lösung bietet die *Bildung einer republikanischen Zivilgesellschaft,* die eine notwendige Wechselwirkung zwischen der minimalen, aber unverzichtbaren Bürgertugend einerseits (Individualethik) und einer freiheitlichen und gerechten Verfassung andererseits (Institutionenethik) als ethisch-politische Orientierungsidee proklamiert. Eine darin enthaltene republikanische Bürgertugend müßte formal betrachtet mindestens folgende Minimalansprüche verzeichnen (Ulrich 1997:316):

An erster Stelle steht sicherlich eine grundsätzliche *Reflexionsbereitschaft* der Bürger, die sich mit der Motivation zu gesellschaftspoli-

---

[61] Wichtige Impulse zu dem Befund einer moralischen Krise moderner Gesellschaften hat die sog. *Kommunitarismus/Liberalismus-Debatte* geliefert. Grundlegend in diesem Kontext die Textsammlung von Axel Honneth (Hg.), *Kommunitarismus* (1994).

[62] Damit ist das heikle Problem der Politikverdrossenheit nicht aus der Welt. Paradoxal formuliert: viele sehen zwar die Notwendigkeit eines bürgerschaftlichen Engagements vor Ort, jedoch bei gleichzeitiger Unschlüssigkeit über die tatsächlichen Möglichkeiten etwas zu erreichen bzw. zu verändern.

tischem Engagement verbinden sollte. Anthony GIDDENS spricht etwas überzogen von „reflexiven Staatsbürgern", die auf ein neues soziales Universum der globalen Unsicherheiten reagieren müssen (1997:71).

Zweitens ist eine grundlegende *Verständigungsbereitschaft* bzw. ein Wille zum Dialog unabdingbar. Wenn sich dieser – aus welchen Gründen auch immer – nicht manifestiert, bricht das diskursethische bzw. das deliberative, d.h. das beratende Modell der Demokratie zusammen.

Damit zusammen hängt eine *Kompromissbereitschaft* in vermeintlichen oder tatsächlichen Dissensbereichen. Dabei ist zu berücksichtigen, daß es eine pauschale Regelung für das Vorgehen in den jeweiligen Einzelfällen m.E. nicht geben kann.

Schließlich bedarf es einer *Legitimationsbereitschaft*, eigenes Handeln der Bedingung einer öffentlichen Legitimitätsprüfung zu unterziehen. Ein überaus schwierig einzulösender Punkt, der sich in der Praxis allenfalls kontrafaktisch ergeben dürfte.

Diesen Forderungen stehen allerdings auch reale Widerstände entgegen. Neben der ungeklärten Frage nach der Motivation für eine dauerhafte Umsetzung solcher Bürgertugenden ist sicherlich zu bedenken, daß es im politischen Tagesgeschäft selbstverständlich auch darum geht, mächtige Interessenlobbies und die Durchsetzung von Partikularinteressen zu lancieren. Und dennoch: um den treibenden Kräften der Globalisierung – quasi von unten – etwas Wirkungsvolles entgegensetzen zu können, müssen Konzepte und Aktionsformen entwickelt werden, „so daß kosmopolitische Wirtschaftsbürger von Systemgetriebenen zu Systemgestaltenden werden" (Maak / Lunau 1998:38). Eine Alternative zur Verstärkung und Anerkennung vorhandener Solidaritäten und Ressourcen in einer Bürgerschaft, verbunden mit dem auf Partizipation ausgerichtetem Konzept eines ‚*Europa der Bürger*', ist nicht in Sicht (vgl. dazu Knemeyer 1994:49).

5.2 Bürgerschaftliches Engagement und soziales Leben in der RegioTriRhena

Gerade als Gegenpol zu den etablierten, dabei oft schwerfälligen Institutionen und Verwaltungsgremien, mithin als Antwort auf die vielbeschworene Politikverdrossenheit, tauchen in letzter Zeit wieder verstärkt soziale Bewegungen und bürgerschaftliches Engagement auf.[63] Die aktive Teilnahme an politischen Entscheidungen und die Transparenz staatlichen Handelns werden wichtiger denn je: zu betonen ist in diesem Kontext die Besonderheit der *unfreiwilligen Politisierung* aller gesellschaftlichen Handlungsfelder durch Risikokonflikte. Zur Rolle der Bürger und der Bedeutung von Bürgerinitiativen, die auch als Antwort auf Globalisierung zu begreifen sind, schreibt WIRTH zurecht: „Der wachsende Einfluß von Basisinitiativen ist neben der Internationalisierung die zweite Herausforderung für das bisherige Konzept von Politik. Es gibt einen enormen Druck zur Dezentralisierung der Politik" (in: Beck 1997:68). Gerade in der RegioTriRhena wird der trinationale Weg als ein Weg von unten verstanden. Dieser muß die Bürgerschaft erreichen und darüber hinaus eine vitale Verbindung zwischen den Städten und der Wirtschaft sein (Rosenkranz 1997a:3).

Nun zu einem Beispiel aus der Praxis, denn nur dort läßt sich letztendlich die tatsächliche Umsetzung bürgerschaftlichen Engagements beobachten. Die „Agenda 21" ist ein umfangreiches weltweites Aktionsprogramm für eine umweltverträgliche, nachhaltige Entwicklung. Sie wurde 1992 in Rio de Janeiro auf der Konferenz für Umwelt und Entwicklung von mehr als 170 Staaten verabschiedet. Da viele Probleme und Lösungsansätze auf lokaler Ebene wirksam werden, soll jede Kommune gemeinsam mit ihren Bürgerinnen und Bürgern sowie gesellschaftlichen Gruppen eine *„Lokale Agenda 21"* entwerfen und umsetzen. Grundsätzlich geht man davon aus, daß eine nachhaltige Entwicklung die gesamte soziale, ökologische und ökonomische Dimension umfaßt. Bei dieser Lokalen Agenda 21 handelt es sich genauer um ein (kommunales) nachhaltiges Hand-

---

[63] Vgl. dazu die Ergebnisse des Wertewandeltheoretikers Ronald F. Inglehart in seinem Werk *Modernisierung und Postmodernisierung* (1998: 406f.).

lungsprogramm zur Sicherung einer zukunftsfähigen Gemeinde, das alle kommunalen Handlungsfelder wie Ökonomie, Ökologie, soziale Entwicklung, Kultur, Verkehr und Energie umfaßt und für das 21. Jahrhundert miteinander in Kontakt bringt. In den Agenda-Arbeitskreisen erarbeiten Laien und Experten z.B. Handlungsempfehlungen für ein nachhaltiges Freiburg. So gibt es beispielsweise auch den *Arbeitskreis Denkwerkstatt Bürgerschaft-Engagement*, dem es um das Wie der Zusammenarbeit, um die Vernetzung von Menschen und Inhalten geht, also um grundsätzliche Fragen der Gestaltung einer neuen demokratischen Entwicklung. In dem breit zusammengesetzten Freiburger Forum werden die Ideen und Konzepte auf Nachhaltigkeit und Konsensfähigkeit geprüft, um anschließend als Vorschlag an den Gemeinderat zu gehen. Die angestrebte *„Verantwortungsgemeinschaft"* (Böhme) von Stadt und Bürgerschaft wird als eine Stärkung und Bereicherung der Stadtpolitik verstanden, weil so immer mehr Menschen durch eigenes Engagement aktiv für „ihre" Stadt bzw. „ihre" Region einstehen können. Es sollte jedoch in diesem Zusammenhang nicht verschwiegen werden, daß sich Interessenkonflikte zwischen Vertretern der Lokalen Agenda und einigen Mitgliedern der kommunalen Regierung anbahnen.[64]

Aus dem Bereich der sozialen Problemfelder und hinsichtlich der sozialen Lebensqualität in der RegioTriRhena läßt sich zunächst bemerken, daß diverse Institutionen, Anlauf- und Beratungsstellen für allfällige Schwierigkeiten und Fragestellungen vorhanden sind. Besonders wichtig ist etwa die Einrichtung des IGR (Interregionaler Gewerkschaftsrat) Dreiländereck. Er umfaßt die Gewerkschaften aller drei Länder und legt Zeugnis für den Willen ab, „einen gemeinsamen Sozialraum zu schaffen" (Leitbild der RegioTriRhena 1998:31). Ein weiteres, interessantes Beispiel aus jüngster Zeit sind die Beschäftigungsinitiativen, die sich entlang der deutsch-französischen Grenze in der „Eurogroupe" zusammengeschlossen haben. Dabei geht es darum, sich für besonders schwer vermittelbare Erwerbslose zu engagieren. Um dies erreichen zu können, will man ein grenzübergreifendes Netzwerk schaffen, damit der drohende oder

---

[64] Vgl. dazu den Bericht der Badischen Zeitung, 15.06.99, mit dem Titel »Noch läuft's nicht rund«.

der bereits erfolgte soziale Ausschluß aus der Gesellschaft aktiv bekämpft werden kann. Auf Initiative der Breisgauer Diakonie und der Colmarer „Association Espoir" sammeln bisherige Langzeitarbeitslose alte Möbel und ausrangierte Elektroherde in der Region, die in Colmar instand gesetzt und verkauft werden.[65] Eine Ergänzung findet diese Initiative auf europäischer Ebene mit dem Projekt „Integra". Es wendet sich vornehmlich an arbeitslose Benachteiligte, Flüchtlinge und Migranten und will diesen zu einem Arbeitsplatz verhelfen. Bedingung für die Förderung ist eine Zusammenarbeit mit zwei ähnlichen Projekten aus zwei anderen Ländern. Der Raum Freiburg arbeitet dementsprechend mit finnischen und italienischen Regionen bzw. Städten zusammen. Ziel ist es, die Chancen einer *„Globalisierung auch im Sozialen"* gemeinsam zu nutzen.[66]

5.3 Die Schaffung eines Regio-Bewußtseins

„Der Rat der RegioTriRhena will die Bevölkerung der ganzen Region näher zueinander bringen und das «Wir-Gefühl» beleben" (1998:31). Mit diesem hehren Anspruch endet das Leitbild des Rates der RegioTriRhena. Das allseits beschworene Wir-Gefühl meint nun nichts anderes als gemeinschaftliches Bewußtsein, wobei Bewußtsein im allgemeinen ja immer bedeutet das Wissen und bzw. oder die Überzeugung von etwas zu haben. Unter Regionalbewußtsein könnte man infolgedessen auch ein System gemeinsamer Anschauungen, Einstellungen und Handlungsbereitschaften in bezug auf eine Region verstehen. In einer solchen Region sollen die Bewohner, wie bereits angedeutet, ein ausgeweitetes Mitspracherecht und eine Identifikationsmöglichkeit als Regio-Bürger bekommen. Daß es für die Entwicklung einer Region eine Identifikation bzw. eine affektive Bindung der Menschen braucht, ist wohl nicht zu bestreiten. Heute gilt es jedoch mit mehreren Zugehörigkeiten und Identifikationsmöglichkeiten umzugehen. Demzufolge sollen Bürger nicht nur ein regionales, sondern ebenso ein interregionales, ein nationales, ein

---

[65] »Grenzenlos Arbeit schaffen«, in: Badische Zeitung, 6.08.98.
[66] Vgl. dazu Badische Zeitung, 30.09.98.

europäisches und zu guter Letzt gar ein kosmopolitisches Bewußtsein besitzen.[67] Dazu ließe sich einiges bemerken, im folgenden geht es jedoch einzig um ein mögliches Regio-Bewußtsein für die Regio-TriRhena, dessen Ausgangspunkt allemal die alemannische Kultur vor Ort ist (Burkhardt 1998). Historisch zurückblickend läßt sich fragen, ob es vielleicht ein Regio-Bewußtsein schon gibt, sodann, wie sich dieses manifestiert, und wie es schließlich gefördert werden könnte. In bezug auf die RegioTriRhena wurde schon des öfteren festgestellt, daß in weiten Kreisen der Bevölkerung ein oberrheinisches Bewußtsein tief verankert sei.[68] Ähnlich bescheinigt auch eine Studie aus dem Jahre 1996, daß es ein Gefühl der Zusammengehörigkeit über die Grenzen hinweg in der Regio gebe (Weber 1996:1).

Die entscheidende Frage ist dann auch nicht, ob man überhaupt ein Regio-Bewußtsein braucht und wie ein solches initiiert werden könnte. Vielmehr ist man sich in der RegioTriRhena einig, daß es eines solchen Bewußtseins bedarf und daß schon Potential in dieser Hinsicht vorhanden ist bzw. ausbaufähig wäre.[69] Zentral, weil problematisch, werden die Frage der Transformation von oben nach unten und die Frage nach der konkreten Umsetzung in den Köpfen der „Normalbürger". Die Transformation nach unten ist m.E. als mittel- bzw. langfristiger Prozeß zu begreifen. Beispiele für eine tägliche Arbeit liefern die trinational ausgerichtete Dreiland-Zeitung, der Tourismus, der Oberrheintag und der Regio-Club. Folgende Faktoren bzw. Bedingungen spielen für eine intendierte Stärkung des Regio-Bewußtseins eine gewichtige Rolle:

---

[67] Ulrich Becks abstrakte Utopie lautet bedeutungsschwanger: »Weltbürger aller Länder vereinigt euch!« (1998a:66).

[68] Vgl. dazu die etwas veraltete Arbeit von Fichtner (1988), dem es um regionales Bewußtsein und um räumliche Identifikationsmuster geht, »die geradezu in einer gewissen Spannung zu herkömmlichen politisch-administrativen Strukturen« stehen (ebd:9).

[69] Alle Interviewpartner und alle diesbezüglichen Veröffentlichungen sprechen dem Regiobewußtsein eine tragende Rolle zu, obgleich der Vertreter des global player ROCHE hinsichtlich des bereits vorhandenen Wir-Gefühls skeptisch war.

- Faktor Kooperation: Ein intensiviertes Wir-Gefühl kann sich sicherlich durch eine verstärkte Kooperation in den unterschiedlichsten Feldern einstellen (Feste, trinationale Treffen, trinationale Ausbildungsgänge). Die Wirkung solcher Maßnahmen sollte jedoch nicht überschätzt werden, zumal immer ähnliche Gruppen und Bürger in der Regio an solchen Möglichkeiten partizipieren.

- Faktor Mobilität: Es läßt sich zeigen, daß mit steigender grenzüberschreitender Mobilität das Verständnis für den Nachbarn und damit auch das Bewußtsein für die jeweilige Teilregion zunimmt (Fichtner 1988:85). Die verkehrstechnische Anbindung, besonders über öffentliche Verkehrsmittel, spielt hierbei eine herausragende Rolle.

- Faktor Public relations: Über eine gezielte Öffentlichkeitsarbeit, gekoppelt mit Werbe- bzw. Marketingstrategien ließe sich der Bekanntheitsgrad nach außen, aber auch nach innen nachdrücklich steigern. Mit dem Leitbild und dem Verfassen einer ‚Corporate Identity" sind schon einige Schritte in diese Richtung vollzogen worden.

Abschließend sollen einige Gründe angeführt werden, die für und wider die Ausbildung und die Produktivität eines Wir-Gefühls sprechen (könnten):

- Allgemein verhält es sich normalerweise so, daß sich, je stärker ein Bewußtsein für eine Sache vorhanden ist, desto mehr Unterstützung und Legitimation für eine in diesem Kontext zu tätigende wohlstandssteigernde, kollektive Aktion finden lässt.

- Die Gefahr einer Instrumentalisierung des Regio-Bewußtseins: damit ist das Ausnützen eines Wir-Gefühls gemeint, um sich eine Legitimation für ein tatsächlich oder vordergründig gemeinnütziges Handeln zu erwerben.

- Abgrenzung mittels starker regionaler Identität: wie Nationalismen können auch Regionalismen Ausgrenzungs- und Abwertungscharakter erzeugen. Das Phänomen der Lega Nord in Italien, die sich dem Projekt der Republik Padanien verschrieben hat, ist vielleicht nur ein Extrem solcher Auswüchse (Gauß 1997:163).

tungscharakter erzeugen. Das Phänomen der Lega Nord in Italien, die sich dem Projekt der Republik Padanien verschrieben hat, ist vielleicht nur ein Extrem solcher Auswüchse (Gauß 1997:163).

6. Ausblick auf die RegioTriRhena von morgen

6.1 Probleme, Chancen und Perspektiven

Im folgenden sollen abschließend die m.E. zentralen Probleme angeführt werden, um von diesen ausgehend Chancen und Perspektiven
für die RegioTriRhena erläutern zu können. Zu den aus der Analyse
resultierenden Problemen zählt nach wie vor die *faktische Konkurrenz um Wirtschaftsstandorte.* In diesem Zusammenhang kann eine
abwärts verlaufende Spirale, sei es hinsichtlich Steuervorteilen oder
Umweltauflagen, entstehen. Anstatt sich gegenseitig überbieten zu
wollen, müßte in Zukunft eine Harmonisierung erreicht werden.
Dazu müßte – dies wurde speziell aus der Sicht der Kooperationspartner als Wunsch formuliert – ergänzend die grenzüberschreitende
Kooperation im wirtschaftlichen Bereich noch besser gefördert werden (Claassens 1998). Ein weiteres zentrales Problem der Gegenwart, dem sich die Regio zuwenden muß, besteht darin, neue und
bessere Formen der politischen Organisation zu (er-)finden, die den
globalen und den regionalen (lokalen) Zusammenhängen in den Bereichen der Wirtschaft, der Politik und der Kultur gerecht werden
können.[70] Es hat sich in diesem Zusammenhang gezeigt, daß sich die
wirtschaftliche Verflechtung eher im europäischen, und ebenso
innerhalb der triadischen Blöcke, als im globalen Maßstab intensiviert. Auch im Zeitalter der Globalisierung dürfte die Mehrzahl aller
ökonomischen Aktivitäten nicht der Nachfrage auf internationalen
Märkten, sondern dem Bedarf regionaler (Binnen-) Märkte gelten
(Kleinert/Mosdorf 1998: 204). „Nur eine Regionalpolitik, die sowohl auf die Wirtschaft als auch auf das regionale Bewußtsein ein-
wirkt, erlaubt heute strukturschwachen und peripheren Regionen,
sich aus ihrer Abhängigkeit lösen zu können und ihre eigene Zukunft selbst gestalten zu können" (Maier 1985:2). Nicht umsonst
setzen die in der Regio verwurzelten Unternehmer, und natürlich
auch die Politiker auf ein »Wir-Gefühl«. Größtes Hindernis ist für
viele Projekte immer noch die *„Barriere in den Köpfen".* Ein not-

---

[70] Vgl. dazu Schwengel (1999:127f.). Es wird allerdings nicht ausreichen,
Institutionen und Verfassungen zu erfinden, sondern aktiv deren Umsetzung zu forcieren.

wendiger Wandel der Mentalität muß allerdings von ethisch-politischen Überlegungen begleitet und kritisch hinterfragbar bleiben (Bohrer/Scheel 1997:796f.).

Neben den Chancen, die ein steigendes Regio-Bewußtsein bieten kann, gehört es sicherlich zu den zusätzlichen Vorteilen einer Grenzregion wie der RegioTriRhena, die trinational situiert ist, daß eine generelle Offenheit für Außeneinflüsse vorhanden ist.[71] Deutschland (Südbaden) und Frankreich (Elsaß) als EU-Mitgliedstaaten treffen auf eine vielfach vertraglich angebundene Schweiz. Die Räume der Teilregionen sind als Regelsysteme im Wettbewerb zu begreifen, d.h. daß die Schwächen des einen durch die Stärken des anderen zumindest partiell ausgeglichen werden können. Die daraus entstehenden komparativen Vorteile lassen sich zukünftig in Innovationsstärken umsetzen (Koellreuter 1998). Eine allseits notwendige Kompromißbereitschaft und Teamfähigkeit können helfen, bessere Problemlösungen quasi zu erzwingen. Dazu wird allerdings eine Effizienzsteigerung und eine Bündelung der existierenden Gremien vor allem in der grenzüberschreitenden Zusammenarbeit nötig werden. Viel wäre gewonnen, wenn es gelingen sollte, transparentere Strukturen, die als Forderung immer wieder genannt werden, in der Regio zu verwirklichen (vgl. dazu Enquete 1998:243).

Ein weiterer Vorteil für die hiesige Grenzregion ist auch die Mehrsprachigkeit, die durch eine Förderung der bi- bzw. der trilingualen Spracherziehung noch verstärkt werden müßte (Hering 1998). Im Hinblick auf Europa und eine im Entstehen begriffene globalisierte Weltgesellschaft wird man es sich allerdings nicht leisten können, auf die englische Sprache als die Weltsprache Nummer 1 zu verzichten. Die RegioTriRhena kann schließlich auch eine beachtliche Lehr- und Forschungsdichte vorweisen. So findet man fast 40.000 Studierende an den Universitäten in Basel, Freiburg, Mulhouse/Colmar, Belfort/Montbéliard. Länderübergreifende Studien- und Berufsprogramme wie etwa EUCOR oder die trinationale

---

[71] Selbstverständlich bezieht sich diese Äußerung auf die Zeit nach dem Zweiten Weltkrieg. In den Jahrzehnten davor stand man sich bekannterweise gerade im deutsch-französischen Verhältnis verfeindet gegenüber.

Ingenieursausbildung zeugen schon jetzt davon, was einzigartige Kooperationsnetze in Spitzentechnologien leisten können.

Aus einer hier vertretenen ethisch-politisch-ökologischen Sichtweise muß es zukünftig vor allem darum gehen, eine nachhaltige Entwicklung der RegioTriRhena in den Blick zu bekommen. Perspektivisch gedacht muß man sich deshalb fragen, ob es im Hinblick auf eine *wirtschaftliche Nachhaltigkeit* gelingen wird, letztlich über Produktivitätsfortschritte, also über ständige Qualitätsverbesserungen und Neuentwicklungen von Produkten, Vorsprünge gegenüber der weltweiten Konkurrenz zu erwirtschaften. Dabei ist es für die RegioTriRhena besonders wichtig, daß der Arbeitsplatzabbau in der Industrie durch die Schaffung neuer Stellen im Dienstleistungssektor zumindest teilweise kompensiert werden kann (BAK 1997: 18). An der Schnittstelle zur sozialen Nachhaltigkeit wird jedoch die konstruktive Lösung der Frage, wie man das Problem der Massenarbeitslosigkeit offensiv angehen kann, noch dringlicher.[72]

Hinsichtlich der *sozialen Nachhaltigkeit* sollte es also nicht nur um die Gründung neuer Betriebe, die Stärkung von Mittelstand und Handwerk und um weitere Umstrukturierungsmaßnahmen gehen. Entscheidend ist ebenso, daß ein Wirtschaftswachstum auch zu einem erhöhten Arbeitsvolumen führt und somit Erwerbstätigen vermehrt die Chance bietet, von diesem Wachstum zu profitieren. Eine innovative und unkonventionelle Bekämpfung von Arbeitslosigkeit und wohlfahrtsstaatlicher Probleme wird notwendig werden. Ein ebenso wichtiger Punkt betrifft den soziologischen Befund, demzufolge Menschen auch im »global village«, wo das flexible Kapital keinen Ort mehr kennt und auf keine räumliche Vertrautheit angewiesen ist, die Gefahr des Verlusts räumlicher und zeitlicher Bindungen als prekär erfahren.[73] Die Schaffung eines ‚Sozialmarktes'

---

[72] Die Transformation der Arbeitsgesellschaft ist bereits im vollen Gange. Es wird allerdings nicht ausreichen, normative Modelle einer (Welt-) Bürgergesellschaft, verbunden mit Bürgerarbeitskonzepten, zu entwerfen, ohne den Wandel in seiner Vielschichtigkeit zu analysieren und die Bedeutung von „Arbeit-Haben" oder eben „Nicht-Haben" in Rechnung zu stellen.

[73] Vgl. dazu die zentrale, breit rezipierte Arbeit von Richard Sennett *Der flexible Mensch. Die Kultur des neuen Kapitalismus* (1998).

könnte erste Impulse für eine konstruktive Bewältigung der anstehenden Probleme liefern.

Ökologisch geht es um die Stärkung regionaler Wirtschaftskreisläufe, durch die der immense Ressourcenverbrauch begrenzt und die Energieeffizienz gesteigert werden kann. Hinsichtlich der *ökologischen Nachhaltigkeit* vor Ort ist die Entwicklung gerade im Verkehrsbereich (Regio-S-Bahn) und der Raumplanung zu beachten. Bürgernaher Dialog und kritische Reflexion sind hier sicherlich sinnvoll, aber nicht die alleinseligmachenden Maßnahmen. Alternative Energiequellen, wie etwa mit dem Projekt SunValley vertreten, müssen stärker gefördert werden. Mittel- und langfristig kann – wie bereits ausgeführt wurde – eine wirtschaftliche und soziale Nachhaltigkeit nicht auf Kosten der Umwelt erzielt werden (BAK 1997a:23). Eine im vorgegebenen Rahmen nicht durchführbare, weitergehende mikrosoziologische und mikroökonomische Analyse regionaler Prozesse könnte zusätzlich aufschlußreiche Perspektiven für eine Politik der Nachhaltigkeit liefern. Bei einer ebenfalls notwendigen Analyse globaler ökonomischer Trends würde es u.a. darum gehen, herauszufinden, was an Globalisierungsprozessen verändert werden kann und was sich aller Intervention – aus welchen Gründen auch immer – entzieht.

6.2   Fazit

Die RegioTriRhena hat sich auf die Herausforderungen und Risiken der oftmals widersprüchlichen Globalisierungs-, Lokalisierungs-, und Regionalisierungsprozesse eingestellt. Die Ergebnisse der Analysen lauten – differenziert nach den Kapiteln des Textes – im einzelnen wie folgt:

- Die Globalisierungsprozesse, die durch politische Deregulierung zuletzt einen kräftigen Schub erhalten haben, begründen – paradoxerweise – neue Erfordernisse der Regulierung, und zwar auf allen Ebenen, also am lokalen „Standort", im nationalen Raum, im internationalen System und auf globaler Ebene. Regionalisierung und Lokalisierung haben sich als nicht gänzlich ambivalenzfreie Komplementärstücke zu den *Prozessen der*

Globalisierung erwiesen. Mittels einer Stärkung regionaler Strukturen und regionaler Wirtschaftskreisläufe gehören sie zu den nicht nur, aber eben auch in der RegioTriRhena verfochtenen Antworten auf Globalisierungsprozesse (Kap.1).

- Das große Potential des Wirtschaftsraumes der Regio konnte anhand der zentralen Beispiele der pharmazeutisch-chemischen Industrie (ROCHE und NOVARTIS) und von Endress+Hauser exemplarisch veranschaulicht werden. Dank der Präsenz der Konzerne und der – verbesserungsfähigen – Vernetzung mit den Universitäten gibt es auf der einen Seite eine positive Entwicklungsdynamik in der Regio, die stark vom Erfolg der regionalen Schlüsselindustrien und einer Schaffung neuer Arbeitsplätze im Dienstleistungssektor abhängt. Auf der anderen Seite sehen sich die Unternehmen unter den Bedingungen eines globalen, zur »Standortkonkurrenz« verschärften Wettbewerbs mehr denn je in die Lage versetzt, die Arbeitsproduktivität zu steigern und den Arbeitsablauf insgesamt so zu rationalisieren, daß der zumindest kurzfristige technologische Trend zur Freisetzung von Arbeitskräften beschleunigt wird. Hier zeigen sich ebenso Ambivalenzen, die es zu bewältigen gilt (Kap.2).

- Die zumindest teilweise erfolgte Verdrängung der Politik durch eine Eigenlogik des Marktes zeigt sich allgemein daran, daß der Nationalstaat seine Fähigkeit verliert, Steuern abzuschöpfen, Wachstum zu stimulieren und damit wesentliche Grundlagen seiner Legitimität zu sichern. Einer perspektivenlosen Anpassung an Imperative wie Standortkonkurrenz kann auf europäischer und regionaler Ebene zwar noch nicht effektiv begegnet werden, aber dennoch ist längerfristig eine verstärkte Regionalisierung politischer Strukturen als notwendiges Gegenstück zur ebenso sinnvollen Vereinbarung von Regeln und Standards auf internationaler Ebene von Seiten einer transnationalen Politik zu begreifen (Kap.3).

- Eine fortschreitende Institutionalisierung der grenzüberschreitenden und der internationalen Zusammenarbeit auf europäischer Ebene bietet Chancen für eine koordinierte Kultur und Politik der Nachhaltigkeit in der RegioTriRhena. Dies haben

nicht zuletzt die Reaktionen auf der Institutionen- und der individuellen Ebene gezeigt. Ein professionell gemanagtes
INTERREG-Programm wird auch zukünftig für eine erfolgreiche Regionalisierung und ein „Europa der Regionen" entscheidende Bedeutung reklamieren können (Kap. 4).

- Bürgerschaftliches Engagement und Bürgernähe sind wichtige
  Faktoren, die helfen können das wegweisende Motto *„Global
  denken, lokal handeln"* umzusetzen (Lokale Agenda 21). Allerdings bedarf es dazu auch einer größeren Autonomie für die
  Kommunen (Verwaltungsreform, neue Regeln im Finanzaus-
  gleich, Beschränkung der ‚Regulierungswut'). Regionalpolitisch
  geht es letztlich um die behutsame Stärkung eines Regio-Bewußtseins, die Vermittlung eines Zugehörigkeits- und Solidari-
  tätsgefühls, und zwar unter Berücksichtigung der damit verbundenen und zu kritisierenden Ausschließungstendenzen (Kap. 5).

Der deutsche Liedermacher Herbert Grönemeyer drückt in einem
Lied die Situation, in der sich moderne Gesellschaften am Ende des
20. Jahrhunderts, aber eben auch Regionen wie die RegioTriRhena
wiederfinden, metaphorisch wie folgt aus: *„Es gibt viel zu verlieren,
du kannst nur gewinnen, genug ist zu wenig, oder es wird, wie es
war. Stillstand ist der Tod, geh voran, bleibt alles anders, der erste
Stein fällt aus der Mauer, der Durchbruch ist nah"*.

Literaturverzeichnis

Albrow, Martin (1998): *Abschied vom Nationalstaat. Staat und Gesellschaft im Globalen Zeitalter.* Frankfurt am Main.

Altvater, Elmar und Birgit Mahnkopf (1996): *Grenzen der Globalisierung. Ökonomie, Ökologie und Politik in der Weltgesellschaft.* Münster.

Arbeitsgemeinschaft Europäischer Grenzregionen (AGEG) (1996*): 25 Jahre Gemeinschaftsarbeit.* Basel.

Arbeitsgemeinschaft für wissenschaftliche Wirtschaftspolitik (Hg.) (1997): *Wirtschaftspolitische Alternativen zur globalen Hegemonie des Neoliberalismus.* Wien.

Badische Zeitung (1998): *Die Regio als Wirtschaftsraum.* Beilage vom 15. Mai 1998.

BAK Konjunkturforschung Basel AG (1996*): Regio Perspektiven. Im Sog der Globalisierung.* Basel.

BAK Konjunkturforschung Basel AG (1997a*): Regio Perspektiven. Globalisierung und Nachhaltigkeit.* Basel.

BAK Konjunkturforschung Basel AG (1997b*): Regio Perspektiven. Chemie gewinnt an Bedeutung.* Basel.

BAK Konjunkturforschung Basel AG (1998a): *Regio Perspektiven.Wirtschaftsraum EuroRegion Oberrhein.* Basel.

BAK Konjunkturforschung Basel AG (1998b): *Internationaler Benchmark Report.* Basel.

Bartz, Dietmar (1998): *Die Wirtschaft verstehen: das Wirtschaftslexikon der Gegenwart.* Frankfurt am Main.

Bauman, Zygmunt (1999): *Unbehagen in der Postmoderne.* Hamburg.

Beck, Ulrich (1997): *Was ist Globalisierung? Irrtümer des Globalismus – Antworten auf Globalisierung.* Frankfurt am Main.

Beck, Ulrich (Hg.) (1998a): *Politik der Globalisierung.* Frankfurt am Main.

Beck, Ulrich (Hg.) (1998b): *Perspektiven der Weltgesellschaft.* Frankfurt am Main.

Beck, Ulrich (1999): *Schöne neue Arbeitswelt. Vision: Weltbürgergesellschaft.* Frankfurt/Main; New York.

Berger, Roland (1993): *Auf der Suche nach Europas Stärken: Managementkulturen und Erfolgsfaktoren.* Landsberg/Lech.

Böhme, Rolf (1997): *Beeilt euch zu handeln, bevor es zu spät ist zu bereuen.* Freiburg im Breisgau.

Bohrer, Karl Heinz und Kurt Scheel (Hg.)(1997): *Kapitalismus als Schicksal? Zur Politik der Entgrenzung.* Sonderheft Merkur. Stuttgart.

Bourdieu, Pierre (1998): *Contre-feux. Propos pour servir à la résistance contre l'invasion néo-libérale*. Paris.

Büro für Publizistik GmbH (1997): *Wirtschaft am Oberrhein. Modell für Europa. Magazin für grenzüberschreitende Zusammenarbeit*. Meckesheim.

Dahrendorf, Ralf (1998): „Anmerkungen zur Globalisierung". In: Beck, Ulrich (Hg.): *Perspektiven der Weltgesellschaft*. Frankfurt am Main, S.41–54.

Dammeyer, Manfred und Christoph Koellreuter (1997): *Die Globalisierung der Wirtschaft als Herausforderung für die Regionen Europas* (Basler Schriften zur europäischen Integration, 26). Basel.

Defarges, Philippe Moreau (1997): *La Mondialisation*. Paris.

Donges, Jürgen B. und Andreas Freytag (Hg.) (1998*): Die Rolle des Staates in einer globalisierten Wirtschaft*. Stuttgart.

Dupoirier, Elisabeth (1996): „Gibt es einer regionale Identität?" In: *DOKU-MENTE. Zeitschrift für den deutsch-französischen Dialog*, 52 Jg., S.369–373.

Eichel, Hans und Hilmar Hoffmann (Hg.) (1999): *Ende des Staates – Anfang der Bürgergesellschaft*. Über die Zukunft der sozialen Demokratie in Zeiten den Globalisierung. Reinbek bei Hamburg.

Endress + Hauser Holding AG (Hg.) (1997): *CHANGES*. Das Endress + Hauser-Magazin 1997. Reinach.

Endress + Hauser Holding AG (Hg.) (1998): *CHANGES*. The Endress + Hauser Magazine 1998. Reinach.

Enquete-Kommission „Schutz des Menschen und der Umwelt" (Hg.) (1998): *Nachhaltigkeit und Globalisierung. Herausforderungen und Handlungsansätze*. Berlin, Heidelberg, New York, Barcelona.

Eppler, Erhard (1998): *Die Wiederkehr der Politik*. Frankfurt am Main und Leipzig.

Fichtner, Uwe (1988): *Grenzüberschreitende Verflechtungen und regionales Bewußtsein in der Regio*. Basel / Frankfurt am Main.

Forrester, Viviane (1996): *L'horreur économique*. Paris.

Frère, Eric (1997): *Vergleich der Kommunen in Deutschland und Frankreich im föderalen und zentralen System: historische, rechtliche und finanzielle Aspekte*. Wiesbaden, S.211–214.

Frisch, Alfred (1996): „Möglichkeiten und Grenzen des Regionalismus". In: *DOKUMENTE. Zeitschrift für den deutsch-französischen Dialog*, 52.Jg., S.363–368.

Füeg, Rainer (1995): *Situation et évolution de l'économie dans la Région Sud du Rhin supérieur au début des années quatre-vingt-dix*. Sissach.

Füeg, Rainer (1997): *Die Entwicklungen in der regionalen Wirtschaft im Jahre 1996/97*. Muttenz.

Gauß, Karl-Markus (1997): *Europäisches Alphabet*. Wien.

Giddens, Anthony (1997): *Jenseits von links und rechts. Die Zukunft radikaler Demokratie*. Frankfurt am Main.

Gugger, Elisabeth (1996): „Anspruch auf geteilte Macht". In: *Dreiland-Zeitung*. Wochenzeitung für die Nordwestschweiz, Südbaden und Haute-Alsace. Beilage der Basler Zeitung vom 1.03.96.

Habermas, Jürgen (1998): *Die postnationale Konstellation. Politische Essays*. Frankfurt am Main.

Häberle, Peter (1997): „Der Regionalismus als werdendes Strukturprinzip des Verfassungsstaates und als europarechtspolitische Maxime". In: ders.: *Europäische Rechtskultur*. Frankfurt am Main, S.209–256.

Hering, Jacques (1990): *La Regio. Actualités et potentialités de la coopération transfrontalière entre des régions riveraines du Rhin Supérieur*.

Inglehardt, Ronald (1998): *Modernisierung und Postmodernisierung: kultureller, wirtschaftlicher und politischer Wandel in 43 Gesellschaften*. Frankfurt am Main/New York.

Kettner, Matthias (1997): „Thesen zur Bedeutung des Globalisierungsbegriffs". In: *Dtsch. Z. Philos*, Berlin 45, 6, S.903–918.

Kleinert, Hubert und Siegmar Mosdorf (1998): *Die Renaissance der Politik. Wege ins 21.Jahrhundert*. Berlin.

Knemeyer, Franz-Ludwig (1994): *Europa der Regionen – Europa der Kommunen. Wissenschaftliche und politische Bestandsaufnahme und Perspektive*. Baden-Baden.

Krugman, Paul (2000): *Schmalspur Ökonomie. Die 27 populärsten Irrtümer über Wirtschaft*. Frankfurt/New York.

Kujath, Hans Joachim (Hg.) (1998): *Strategien der regionalen Stabilisierung: wirtschaftliche und politische Antworten auf die Internationalisierung des Raumes*. Berlin.

Labasse, Jean (1994): *Quelles régions pour l'Europe?* Evreux.

Läpple, Dieter (1998): „Globalisierung – Regionalisierung: Widerspruch oder Komplementarität?" In: Kujath, Hans-Joachim (1998), S.61–81.

RegioTriRhena-Rat (Hg.) (1998): *Leitbild der RegioTriRhena*. Basel.

Lenk, Hans (Hg.) (1996): *Ethik in der Wirtschaft: Chancen verantwortlichen Handelns*. Stuttgart, Berlin, Köln.

Leuthardt, Beat (1994): *Festung Europa. Asyl, Drogen, »Organisierte Kriminalität«: Die »Innere Sicherheit« der 80er und 90er Jahre und ihre Feindbilder. Ein Handbuch*. Zürich.

Maak, Thomas und York Lunau (Hg.) (1998): *Weltwirtschaftsethik. Globalisierung auf dem Prüfstand der Lebensdienlichkeit*. Bern, Wien.

Maier, Jörg (1985): *Regionales Bewußtsein und regionale Identität als Voraussetzung der Regionalpolitik*. Bayreuth.

Martin, Hans-Peter und Harald Schumann (1996): *Die Globalisierungsfalle. Der Angriff auf Demokratie und Wohlstand*. Hamburg.

Menzel, Ulrich (1998): *Globalisierung versus Fragmentierung*. Frankfurt am Main.

Messner, Dirk (1998): *Die Zukunft des Staates und der Politik: Möglichkeiten und Grenzen politischer Steuerung in der Weltgesellschaft*. Bonn.

Ossenbühl, Fritz (Hg.) (1990): *Föderalismus und Regionalismus in Europa. Verfassungskongreß in Bonn vom 14.–16. September 1989*. Baden-Baden.

Petignat, Raymond (1996): „Eine Funktion, die Basel kaum wahrnahm". In: *Dreiland-Zeitung*. Wochenzeitung für die Nordwestschweiz, Südbaden und Haute-Alsace. Beilage der Basler Zeitung vom 31.05.1996.

Pflimlin, Pierre (1997): „Europäer gegen den Krieg". In: *Dreiland-Zeitung*. Wochenzeitung für die Nordwestschweiz, Südbaden und Haute-Alsace. Beilage der Basler Zeitung vom 31.01.1997.

Raich, Silvia (1995): *Grenzüberschreitende und interregionale Zusammenarbeit in einem „Europa der Regionen": Dargestellt anhand der Fallbeispiele Großregion Saar-Lor-Lux, EUREGIO und „Vier Motoren für Europa – Ein Beitrag zum Europäischen Integrationsprozeß*. Baden-Baden.

Regio Basiliensis (1997): *Jahresbericht 1996*. Basel.

Regio Basiliensis (1998): *Jahresbericht 1997*. Basel.

Renauld, Xavier (1998): „Croissance ou reprise?" In: *Dreiland-Zeitung*. Wochenzeitung für die Nordwestschweiz, Südbaden und Haute-Alsace. Beilage der Basler Zeitung vom 19.06.1998.

Richter, Michael (1997): *Regionalisierung und interkommunale Zusammenarbeit: Wirtschaftsregionen als Instrumente kommunaler Wirtschaftsförderung*. Wiesbaden.

Robertson, Roland (1998): „Glokalisierung. Homogenität und Heterogenität in Raum und Zeit". In: Beck (1998b), S.192–220.

Rosenkranz, Elisabeth (1995a): „Start für den Regiorat". In: *Dreiland-Zeitung*. Wochenzeitung für die Nordwestschweiz, Südbaden und Haute-Alsace. Beilage der Basler Zeitung vom 2.02.1995.

Rosenkranz, Elisabeth (1995b): „Ich will mehr Bürgernähe". Interview mit Herrn Georg H. Endress. In: *Dreiland-Zeitung*. Wochenzeitung für die Nordwestschweiz, Südbaden und Haute-Alsace. Beilage der Basler Zeitung vom 9.02.1995.

Rosenkranz, Elisabeth (1995c): „Eine Zangengeburt". In: *Dreiland-Zeitung*. Wochenzeitung für die Nordwestschweiz, Südbaden und Haute-Alsace. Beilage der Basler Zeitung vom 29.06.1995.

Rosenkranz, Elisabeth (1997a): „Größtes Kapital: Vertrauen". Interview mit Herrn Rolf Böhme. In: *Dreiland-Zeitung*. Wochenzeitung für die Nordwestschweiz, Südbaden und Haute-Alsace. Beilage der Basler Zeitung vom 14.03.1997.

Rosenkranz, Elisabeth (1997b): „Jetzt wird Druck gemacht". In: *Dreiland-Zeitung*. Wochenzeitung für die Nordwestschweiz, Südbaden und Haute-Alsace. Beilage der Basler Zeitung vom 21.11.1997.

Rosenkranz, Elisabeth (1998): „Sorge um die Kofinanzierung". In: *Dreiland-Zeitung*. Wochenzeitung für die Nordwestschweiz, Südbaden und Haute-Alsace. Beilage der Basler Zeitung vom 24.07.1998.

Saisons d'Alsace (1998): *Quel pouvoir régional? Institutions, Economie, Histoire*. Strasbourg.

Schäfer, Sylvia (1996): *Kulturraum Oberrhein. Grenzüberschreitende Kulturarbeit in der deutsch-französisch-schweizerischen EuroRegion*. Basel, Frankfurt am Main.

Schaltegger, Stefan (1997): *Standortwettbewerb, institutioneller Wandel und private Kommunen*. WWZ-Discussion Paper. Nr. 9709.

Schenk, Peter (1996): „Die Grenzregionen stärken". In: *Dreiland-Zeitung*. Wochenzeitung für die Nordwestschweiz, Südbaden und Haute-Alsace. Beilage der Basler Zeitung vom 20.01.1996.

Schenk, Peter (1996a): „Die ‚Europhorie' ist vorbei". In: *Dreiland-Zeitung*. Wochenzeitung für die Nordwestschweiz, Südbaden und Haute-Alsace. Beilage der Basler Zeitung vom 31.05.1996.

Schenk, Peter (1998): „Lokale Probleme regional lösen". In: *Dreiland-Zeitung*. Wochenzeitung für die Nordwestschweiz, Südbaden und Haute-Alsace. Beilage der Basler Zeitung vom 22.05.1998.

Schenk, Peter (1998a): „Mehr Regionalisierung". In: *Dreiland-Zeitung*. Wochenzeitung für die Nordwestschweiz, Südbaden und Haute-Alsace. Beilage der Basler Zeitung vom 5.06.1998.

Schwengel, Hermann (1999): *Globalisierung mit europäischem Gesicht. Der Kampf um die politische Form der Zukunft*. Berlin.

Sennett, Richard (1998*): Der flexible Mensch. Die Kultur des neuen Kapitalismus*. Berlin.

Serres, Michel (1991): *Hermes 1. Kommunikation*. Berlin.

Siedentopf, Heinrich; Manfred Scholle; Erwin Schleberger (Hg.) (1997): *Europäische Regionalpolitik*. Baden-Baden.

Speiser, Béatrice (1993): *Europa am Oberrhein. Der grenzüberschreitende Regionalismus am Beispiel der oberrheinischen Kooperation*. Basel, Frankfurt am Main.

Streek, Wolfgang (1998): „Vom Binnenmarkt zum Bundesstaat?", in: Leibfried, Stefan und Paul Pierson (Hg.) (1998): *Europäische Sozialpolitik*. Frankfurt am Main, S.369–421.

Taylor, Charles (1993): *Multikulturalismus und die Politik der Anerkennung*. Frankfurt am Main.

Thureau-Dangin, Philippe (1998): *Die Ellenbogen-Gesellschaft. Vom zerstörerischen Wesen der Konkurrenz*. Frankfurt am Main.

Ueberschlag, Jean (1996): *La coopération transfrontalière. De la nécessité d'élaborer et de mettre en oeuvre une véritable politique transfrontalière*. Rapport à Monsieur le Premier Ministre.1996.

Ulrich, Peter (1997): *Integrative Wirtschaftsethik. Grundlagen einer lebensdienlichen Ökonomie*. Bern, Stuttgart, Wien.

Uterwedde, Henrik (1997): „Neue Chancen, neue Leitbilder: Regionen in einem veränderten wirtschaftlichen Umfeld." In: *DOKUMENTE*, 53 Jg., S.454–463.

Veser, Thomas (1995): „Die Regio – ein Begriff wandelt sich". In: *Dreiland-Zeitung*. Wochenzeitung für die Nordwestschweiz, Südbaden und Haute-Alsace. Beilage der Basler Zeitung vom 3.11.1995.

Weber, Urs (1996): „Regio? – Mais oui, klar!". In: *Dreiland-Zeitung*. Wochenzeitung für die Nordwestschweiz, Südbaden und Haute-Alsace. Beilage der Basler Zeitung vom 21.06.1996.

Weber, Urs (1998a): „Bilanz ist positiv – teilweise". In: *Dreiland-Zeitung*. Wochenzeitung für die Nordwestschweiz, Südbaden und Haute-Alsace. Beilage der Basler Zeitung vom 6.02.1998.

Weber, Urs (1998b): „Impuls wie von Interreg". In: *Dreiland-Zeitung*. Wochenzeitung für die Nordwestschweiz, Südbaden und Haute-Alsace. Beilage der Basler Zeitung vom 17.07.1998.

Werlen, Benno (1997): *Sozialgeographie alltäglicher Regionalisierungen. Bd.2. Globalisierung, Region und Regionalisierung*. Stuttgart.

Zoller-Schepers, Regula (1998): *Grenzüberschreitende Zusammenarbeit am Oberrhein*. Bamberg.

Interviewverzeichnis

Brehm, Hans (1998): Endress + Hauser, zuständig für Finanzen
Huningue. Gespräch am 14.08.98

Burkhardt, Andreas (1998): Direktor Handelskammer beider Basel, Basel.
Gespräch am 19.08.98

Claassens, Manfred (1998): Geschäftsführer Freiburger Regiogesellschaft,
Freiburg. Gespräch am 26.08.98

Endress, Urs (1998): Geschäftsführer Endress & Hauser, Huningue. Gespräch am 18.08.98

Haefliger, Christian J. (1998): Geschäftsführer Regio Basiliensis, IKRB,
Basel. Gespräch am 14.08.98

Hager, Jean-Claude (1998): Sekretär des Regiorates, Mulhouse. Gespräch
am 19.08.98

Heer, Peter (1998): Stv. Direktor Roche, zuständig für „government affairs",
Basel. Gespräch am 30.09.98

Hering, Jacques (1998): Geschäftsführer Regio du Haut-Rhin, Mulhouse.
Gespräch am 19.08.98

Koellreuter, Christoph (1998): BAK Konjunkturforschung AG, Basel.
Gespräch am 18.08.98

Pfeiffer, Thomas (1998): Wissenschaftlicher Assistent am WWZ, Basel.
Gespräch am 21.08.98

Rosenkranz, Elisabeth (1998): Redaktorin der Dreiland-Zeitung, Freiburg.
Gespräch am 27.08.98

Konsultierte Internet-Adressen in der Regio

Anbieter	Adresse
Endress + Hauser	http://www.endress.com
BioValley	http://www.biovalley.de/index.htlm
CCI Mulhouse	http://www.mulhouse.cci.fr
Eures-Institut	http://www.eures.de
Handelskammern beider Basel	http://www.hkbb.ch
IHK Südlicher Oberrhein	http://www.suedlicher-oberrhein.ihk.de
Lokale Agenda 21 online	http://www.schwerin.netsurf.de
Novartis	http://www.novartis.com
Rat der RegioTriRhena	http://www.regio-tri.com
RegioTriRhena	http://bidule.welcome.ch/trirhena
Roche	http://www.roche.com
RegioOnline AG	http://www.rol3.com

DANKSAGUNG

Zunächst möchte ich allen Gesprächspartnern dafür meinen herzlichen Dank aussprechen, daß sie Zeit und Interesse für die Beantwortung der ihnen gestellten Fragen aufgebracht haben. Es waren dies im einzelnen:

Herr Hans Brehm (Endress+Hauser, Huningue), Herr Andreas Burkhardt (Handelskammer beider Basel), Herr Manfred Claassens (Freiburger Regiogesellschaft), Herr Urs Endress (Endress+Hauser, Huningue), Herr Christian J. Haefliger (Regio Basiliensis), Herr Jean-Claude Hager (CCI Mulhouse), Herr Peter Heer (Roche, Basel), Herr Jacques Hering (Regio du Haut-Rhin), Herr Christoph Koellreuter (BAK, Basel), Herr Thomas Pfeiffer (WWZ, Basel) und Frau Elisabeth Rosenkranz (Dreiland-Zeitung).

Besonders herzlich danken möchte ich an dieser Stelle auch den folgenden Kolleginnen/Kollegen und Freundinnen/Freunden.

Anne Bourgeois (CCI Mulhouse), Jacqueline Broug (CCI Mulhouse), Patrick Hell (CCI Mulhouse), Frank Kahnert (Frankreich-Zentrum), Monika Knöpfler (Ratzenried), Wolfram Lutterer (Uni Freiburg), Carl Pietzcker (Uni Freiburg), Andreas Seeger (Uni Freiburg), Sabine Thoman (CCI Mulhouse) und last but not least Liliya Vakula (Lemberg).